회사가 키워주는 신입사원의 비밀: 첫 직장에서 준비해야 할 27가지

晋升力

如何成为领导眼中的潜力股

（韩）林奎男◎著 洪 梅◎译

北京理工大学出版社
BEIJING INSTITUTE OF TECHNOLOGY PRESS

图书在版编目（CIP）数据

晋升力：如何成为领导眼中的潜力股 /（韩）林奎男著；洪梅译. —北京：北京理工大学出版社，2013.8

ISBN 978-7-5640-7093-9

Ⅰ. ①晋…　Ⅱ. ①林…　②洪…　Ⅲ. ①职业选择－通俗读物　Ⅳ. ① C913.2-49

中国版本图书馆 CIP 数据核字 (2012) 第 297203 号

北京市版权局著作权合同登记号图字：01-2012-8580

出版发行 / 北京理工大学出版社有限责任公司
社　　址 / 北京市海淀区中关村南大街 5 号
邮　　编 / 100081
电　　话 /（010）68914775（总编室）
　　　　　82562903（教材售后服务热线）
　　　　　68948351（其他图书服务热线）
网　　址 / http://www.bitpress.com.cn
经　　销 / 全国各地新华书店
印　　刷 / 三河市文通印刷包装有限公司
开　　本 / 710 毫米 ×1000 毫米　1/16
印　　张 / 13.5
字　　数 / 137 千字
版　　次 / 2013 年 8 月第 1 版　2013 年 8 月第 1 次印刷
定　　价 / 31.80 元

责任编辑 / 张慧峰
文案编辑 / 贾　苗
责任校对 / 杨　露
责任印制 / 边心超

图书出现印装质量问题，本社负责调换

写给正准备迈入职场的你

我不是白手起家，也不是什么企业的高级经营者。我不是名牌大学出身，也没有留学背景，而且初入职场时也没有比别人晋升得更快，在职场打拼了二十几年却依然在为住房问题而苦恼。总而言之，以世俗的眼光看我就是一个没什么拿得出手的再平凡不过的职场人，或者说中等偏下的打工者还更贴切些。

但即便如此，工作期间我一直坚信自己是大韩民国数一数二的成功职场人。因为我从初入职场开始直到现在一直都在愉快并幸福地工作着，无时无刻不在发展和进步。虽然起初是个名不见经传的小人物，但是我始终在向着职场的阳光大道前进着。

初入职场时，我的第一份工作是在韩国忠清南道的洪城邑，通过坚持不懈的努力和挑战，我的活动领域从首尔扩展至亚洲，最后扩展到全世界。虽然在人生的第一次晋升考核中我惨遭淘汰，比其他同时进入公司的同事晚一些成为代理（代理是韩国公司中最低的管理阶层，仅比职员高一个等级——译者注）。但在那之后我不断地挖掘自己的潜能，最终成为跨国企业韩国分公司的社长。虽然我的第一份工作只是一个产品销售，但是我从不畏惧改变，抱着挑战世界的决心，现在我在一家全球型企业的总公司，担任制订全球市场经营计划的职务。

许多职场人总是抱怨工作的各种困难与辛苦，但我却觉得每一天的工作都是愉快和幸福的。在多年的职场生活中我经历了太多的起起伏伏，从我初入职场到现在，从来都是一年比一年更好。有太多青壮年的职场人因为对未来感到彷徨不安而经常说一些自嘲的话，但是我对于即将到来的“未来”却充满了期待。说到这里，大家也许已经开始好奇我有什么特别的秘诀了吧？

秘诀就在于我在职场度过的最初的几年与别人略微不同。万事第一步非常重要，而初入职场的姿态也就能够决定你的未来。我注意到了这一点，并观察了身边许多的职场人，对他们进行调查研究，得出的结果就是：“初入职场的几年决定了你整个职业生涯。”

初入职场的新人总会有一种闯荡社会的激动心情。这个时期比任何时期都要重要，你应该从现在开始规划自己的未来并着手准备。而且必须树立职场新人必备的心态和价值观。刚刚进入社会开始工作的头几年如何规划自己的人生，决定了你未来的成败以及幸福与否。因此，只有当你画好了职业生涯的规划图时，你才不会被公司的目的所左右，并且有资本开创自己的幸福未来。写这本书的初衷也是希望它能对初入职场的新人起到引导的作用。

我将过去 20 年的个人经验通过分析整理收录在本书中，包括对待职场生活的态度、自我管理、人脉管理、时间管理、危机管理、健康管理等职场新人必须要了解的内容。

这本书不是博闻多识的学者们在研究室里得出的成果报告，而是一个经历过国内外职场生活的体验者的亲身经历。

另外，在此要特别声明一下，这本书是为了正在准备工作的职场预备军，或者初入职场工作没多久的职场人，以及在第一份工作上停留相当长一段时间，需要有人对他日后的职业生涯提供帮助的人而专门定制的。对那些正在豪门接受精英教育的人和工作专业性极高的人而言，读这本书完全是在浪费您宝贵的时间。

这本书不会告诉你如何比别人更快地爬到高位，也不会告诉你如何比别人赚到更多的钱，或者如何在职场坚持更久的时间。

这本书是我和各位读者的故事。它记述了我们日后的职场生活将会是多么的愉快与幸福，未来的你会有多么大的成长和发展。所以这本书应该被放在公司的书架上作为“新职员白皮书”来使用，如果能得到这样的认可我便别无所求。

虽然这本书无法告诉你如何比别人更快地成为公司高层，但是如果你能够依照书中所讲的自我开发的内容不断实践，你必定会成为公司想要留住的人才，以及公司下一届 CEO 的培养对象。我殷切希望这本书能够成为那些准备要乘风破浪起帆远航的职场后辈的航海指南针。

林奎男

初入职场需要做的 27 项准备

目录

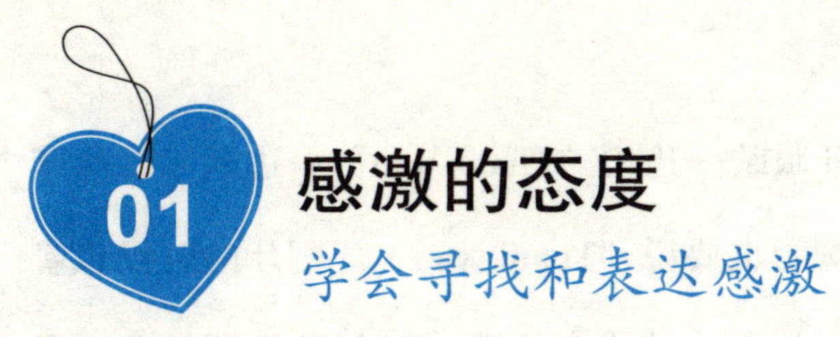

感激的态度

学会寻找和表达感激

成功的人生源自于感激的心态。我们在开始第一份工作之后，最最需要培养和保持的习惯就是感激。因忽视这一重要的成功要素而远离成功的例子比比皆是。那么感激的心态究竟要如何养成呢？

有些人认为感激之心是在无意识下生成的，不需要格外的努力，并以此为由拒绝努力。但从我直接或间接了解到的无数心理学者以及动机赋予专家们的观点，他们都表示其实感激之心才是需要日常积累和努力才能够得到的成果。

超级畅销书《秘密》（The Secret）在美国以最短时间突破500万册的销量，该书的作者采访了美国最著名的55位伟大的人类导师，将他们传授的成功秘诀集结成册。书中提到的詹姆斯·亚瑟·雷（James Arthur Ray）是经常出演《奥普拉·温弗瑞秀》与《拉里·金直播》的畅销书作者，他所主张的“感激练习”非常值得我们借鉴与学习。

他每天早上睁开眼睛一边说“Thank you”一边起床，从床上起身双脚落地的瞬间也要说“Thank you”。刷牙的时候想着值得感谢的事情，一边想一边准备上班。不仅詹姆斯如此，书中提到的人物几乎都是以感激的心态开始一天的生活，将感激作为生活的一部分，全身心赞同感激是成功的秘诀。

另外一本可以给我们带来新鲜的启示书是《专注的力量》（The Power of Focus），这本书是由因《心灵鸡汤》而闻名世界的杰克和麦克（Jack Canfield & Mark Victor Hansen）以及因辅导类节目而出名的雷斯（Les Hewitt）共同编著的。

他们指出感激的心对于幸福和成功的人生是非常重要的，并强调“如果你身处困境，请记住这世上处境比你困难的人还有很多”。如果你对他们的观点心存怀疑，那么建议你去烧伤患者的病房看一看，为在那里接受治疗的孩子做志愿服务。

这样说来，那么职场人的情况如何呢？他们的生活条件是否能让他们拥有感激的心呢？上下班被困在公交车或地铁中，上班之后被上司和各种苦差纠缠，下班后还要面对各种家务事。一定会有人不满地说：“在这样的情况下怎么可能拥有感激的心？”

但如果你认同“感激的心”是实现幸福和成功的必备条件，那么无论你现在处境如何，你都必须努力练习感激而绝不能偷懒。可是在如此累人的职场生活中，究竟该如何练习并获得“感激的心”呢？

如果现在的你是一个无时无刻不在唉声叹气的人，总是说着“为什么是我呀”这样丧气的话，那么请按照下面的方法逐步进行练习。起初可能会有些抗拒感，会想问为什么要强迫一个不情愿的人去做这些事情。但如果你能在抱怨的瞬间选择忍耐，那么一周之后必定可以见到一个全新的自己。

首先，从寻找身边的感激对象开始练习吧。

谁是与我最亲近的人？答案是自己。因此首先要将精力集中在自己身上。首先要无条件地感谢我们存在于这个世界上。然后再看看我们现在穿的衣服，无论它的材质是高级的丝绸还是廉价的尼龙，我们出生时一丝不挂，而现在起码有件衣服可以遮体。此时此刻如果你正在阅读这行文字，那说明你拥有一双健康的眼睛，以及能够享受阅读的自由和闲暇时间，这些都值得我们去感激。

接下来让我们一点点向外延伸。你有家人吗？那么请感激他们。感激父母的生育之恩，感激兄弟姐妹陪伴你一起分享人生。如果你正在为孩子昂贵的抚养费用或教育费用而感到苦恼，那也请感激他们与你血脉相连的存在，还有他们喊的那一声“爸爸”“妈妈”。

韩国人能够在执政者们不知疲倦的党派战争中，以及各种自然公害的威胁中生存下来，这本身就是一件了不起的事情。那个曾经因为民族内部战争而变为一堆废墟的国家，如今成为世界前十的经济大国，作为大韩民国的国民应该为此感到自豪与感激。

其次，要练习从平凡琐碎的事情上寻找感激的对象。

你是否觉得每天早上起床都十分痛苦，丝毫提不起劲头去公司上班？

早上起来如果你能够独立地完成起床以及上班的准备，那就应该感激你拥有如此健康的身体。上下班时间因为堵车而感到烦躁吗？做一次深呼吸，让我们来感激自己还有一份工作可以做。在经济不景气的当下，失业人数远超过三百万，有一个公司愿意承认我们是他们的一员，我们就应该对公司心存感激。

你是否因为现在所在的公司不是一家大公司，而是一家中小企业，所以觉得工资相对偏低？但如果上个月工资准时打到了你的账户上，那么请感激你用劳动换来的报酬。但这并不是要你安于没有改善的现状，而是希望各位可以冷静地看待自己的现状，用感激之心去接受它，并对未来充满希望。

感激生病的时候，有可以让我们及时得到治疗的医院和药店。感激饥饿的时候，无论在家还是去饭店都能够随时填饱肚子。

只有当你对周边的一切事物报以积极的态度时，你才能真正学会感激。在消极的状态下很难拥有一颗感激之心。一旦陷入消极的情绪中，这种情绪就会一波接着一波像滚雪球一样越滚越大。感激之情亦是如此。感激之心是你赋予自己一种可能性。无论面对如何糟糕的情况，只要你能够找到感激的线索，那就说明你拥有克服困难的能力。

好了，如果你已经积累了足够多的感激之心，那么现在就该练习如何表达了。

首先，每当心生感激之情时要积极地表达出来。因此我们要将“谢谢”的使用频率提到最高。即便是平日里觉得再平常不过的事情，或者以往你认为“在心里感谢就好了，何必要说出口呢”的时候，都应该从现在开始去积极地表达出来，将感激的范围慢慢扩大起来。

早上，不要忘了对为你准备早餐的妻子说一声“谢谢你，味道真香”；丈夫拿回家的工资不管多少都一定要对他说“上个月为了家人辛苦了，谢谢你”；在餐厅，虽然是我们自己付钱吃饭但也不要忘记对送餐的服务员说“谢谢，辛苦了”；在公司，不仅要对顾客以及合作商的员工心存感激，即便是见到公司的保安或者清洁人员也请不要吝啬一句“谢谢！”“辛苦了！”

尤其是在职场，对感激的表达非常重要。尝试着对职场上司说话时，将“谢谢您的关心！”“谢谢您参与讨论！”“谢谢您没有忘记，还照顾到我！”“谢谢您做出裁决！”“我完全没有考虑到这个部分，谢谢您帮我指出来！”等等感激的话语作为结尾词。大部分的职场上司都会对习惯说谢谢的员工给予更多的关注与支持。

我也在职场生活中遇到过无数的下属。有的员工对很小的关心都会积极表示出感谢，但有的员工无论给予多大的奖励他们都不会有丝毫的感激，反而认为是自己做得好，还一副很不情愿的样子，这样的人我也见过很多。

记得有一次公司为了提高员工士气，我艰难地从总公司拿到预算送分公司的全体员工到国外旅行。这是韩国分公司创立以来的第一次，而且连员工家人的旅行经费都拿到了。作为这个组织的负责人，我个人认为这是比较费心思的一次活动。虽然我因为个人原因没能一同前往，但是大部分的员工旅行回来之后都纷纷对我道谢，告诉我他们与家人度过了多么美好的时光。

但是唯独一位员工旅行回来之后，嘴巴一直紧闭着。起初我只是觉得有些诧异，但是后来才听说他在海外旅行期间对家人说，那次旅行机会是自己努力工作得来的。如果那位员工拥有成熟的人格，再或者是一个平时习惯于说感谢的人，即使他不对上司表示感谢，也不至于这样自以为是。

经常表达感谢之情固然重要，但是只靠嘴上说说，传达的不过是“谢谢”这句话而已，偶尔也需要选取合适的方式，用行动更直接地表达自己的感激之情。

比方说，你请了一个星期的假与家人外出旅行。考虑到你不在的期间替你完成工作的同事，旅行归来上班的第一天对同事说声谢谢，再送上一块巧克力，这是最起码该做的。如果你的公司后辈经常协助你的工作，那么就不该吝啬请他吃顿饭的钱。

不仅在对待有工作关系的人时要积极表达感激之情，对待家人与朋友更应如此。即使不花什么大钱，一张生日卡片或贺卡，再或者一份小礼物都能够传递你的感激。光用嘴说的感谢，价值永远无法超越这一句“谢谢”。因此，应该积极地发挥你的能力，对待合适的对象，在合适的时间，选择合适的礼物表达你的感激。

你的一天之中有几次感激呢？我每时每刻都在感激，此时此刻亦是如此。

感激我活在这个世界上，感激我能够写出这些文字，感激我与深爱的家人在一起。我感激自己胜过一切。虽然我没有高深的学历和显赫的背景，但我坚信自己是韩国最成功的职场人之一，为此我同样感激不尽。虽然无人关注，但我从不畏惧挑战，将自己的活动领域从首尔扩展到亚洲，最终走向世界，这都要感谢我的意志。

如果我将感激的事情一一列举出来，恐怕写一整本书还绰绰有余。虽然我极力强调“感激”的重要性，但不是让你自我标榜和夸耀“我是怎样的人”。我不过是想要告诉你们，对于我们的人生，对于我们的第一份工作，感激的心态是多么多么的重要。

在职场生活中随时保持感激的心态，不仅能让自己感到温暖，你还可以温暖和照亮他人。通过感激让自己拥有健康幸福的内心，并向他人传递积极的正能量。曾经有一档人气搞笑的节目，节目设定了许多搞笑和荒唐的场景，但表演者无论遇到什么事情都不停地说“谢谢”。在现实生活中也应该如此，越是遇到困难的时候，越应该保持感激的心态并积极地表达出来，这样好事迟早会找上门来的。

所以我们要经常感激。

思维方式

即便一败涂地也要保持积极的心态

在进入职场之后，与感激的心态同等重要的是用积极的思维方式对待这个世界。回顾我过去20多年的职场生活，因为没能积极地看待一件事情而导致瞬间陷入困境的情况实在是太多了。说得稍微夸张一点，我能有今天的成就，最大的武器就是“积极”。如果说在第一份工作中的积极心态决定了你十年之后的年薪，那么你还会用消极的态度看待这个世界吗？

现在让我们来问自己一个问题：

“无论遇到何种状况，我是否做好了用积极的心态来应对困难的准备？”

从踏入职场的那一刻起，我们就应该训练自己透过积极的心灵之窗去看待在职场内外遭遇到的各种状况。如果从职场新人时期开始就透过消极的心灵之窗看待事物，用消极的态度对待职场上司，或者总是对顾客和同事说一些丧气的话语，那反而将成就一条急速葬送你职场生命的捷径。每个即将进入职场的人都会感到既激动又无比期待。进入大学或者参加过成人礼也许都无法让你感觉自己变成大人了，但是工作不一样。人生的第一份工作能让你得到一种自豪感，因为你已经是一个堂堂正正的成年人以及这个社会的一员。所以大部分人在上班的第一天，内心都有自己的梦想和远大的抱负。

但是我们都明白世间事不像我们所想的那么简单。在公司并不能事事都如我们所愿，他们更多的时候是按照自己的需要在利用我们，因此我们的梦想总会受到某种程度的打击和伤害。正如初恋的伤痛会铭记一生一般，第一份工作造成的打击影响力至少会持续十年。

因此，如果你曾经想过“我花那么多钱上大学可不是为了做这种事情，我干吗要到公司来吃这种苦”，那么我劝你还是尽快改变这种想法为好。我也曾经怀着远大的抱负开始第一份工作，但是却被分配到了偏远地方的营销分公司。如果当时我用消极的心态看待这件事情，那么也许坚持不了多久我就会自行离职，或者被公司开除。

“为什么只有我运气那么差？”

“我难道就为了得到这样的待遇才来受这种苦的吗？”

我们冷静一点想，其实在这个世上埋怨和不满是解决不了任何问题的。人在消沉的时候，有人拍拍你的肩膀说些鼓励的话自然能起到安慰的作用，但是有的时候也需要以此来鞭策一下自己。因此我希望各位万万不要在初入职场时就形成负面思考问题的习惯。消极的想法具有可怕的传染性，会压制你做一切事情的意志。那些对待自己和外界都报以消极态度的人，只会抱怨自己所处的社会环境，结果必然会失去自信，最终等待他们的就只有失败的深渊。因此请打消所有消极的想法，挖掘内心积极的一面，作为进步的原动力，敦促自己走上成功的道路。

但如果还是偶尔会冒出消极的想法的话，那么请想一想你所知道的国内外顶尖的经营者。我从没见过一位想法消极的顶尖经营者。他们接受了良好的训练，他们可以用肯定的态度接纳和分析任何事物或现象，他们也能够用积极的态度掌控个人与公司的一切大小事务。

想要培养积极的思维方式，方法可以有很多种，但是最重要的是先要养成肯定自己与鼓励自己的习惯。因为如果我自己都不肯定自己，却还期望得到别人的肯定，这未免太过强人所难了。

我于 1980 年大学毕业，找到了我人生的第一份工作。当时我被独霸韩国出口份额的大宇集团“全球化经营”的口号所迷惑，毕业前几个月就提交了申请书，并有幸在公开招募中被聘用。但是进入大宇集团没过多久，我那经营全世界的远大梦想就胎死腹中了。

因为等待我的工作竟是大宇电子的营销人员这一职位，而且工作地点还是位于忠清南道洪城郡洪城邑的大宇电子营销分公司。当时我所在的分公司是韩国36个分公司中唯一开在以邑为单位的地区的，这家分公司几乎没有一个月达成过营销本部分配的销售任务，一句话就是个极为荒凉的旮旯地方。

“什么？让我到那种乡下地方去工作，而不是待在首尔总公司？我可不是为了干这个才到这家公司来的！”

看到委派书的时候我伤心地差点哭了出来。对于一直在乡下读书的我而言，是多么希望能够留在首尔工作。我一心想着只要进入大宇集团，我就能够在首尔的高楼大厦里上班了。但现在竟然要我重新回到农村，而且还是农村中的农村，那种心情真是糟得无法言喻。

我实在无法接受这样的派遣，于是苦苦哀求人事部长让我留在首尔工作，哪怕是当个警卫也好。连着好几天我独自一人像个耍赖的孩子一样在公司17层的楼梯上铺了张报纸坐着，进行沉默的示威。但是“大宇电子营销人员林奎男”的名片并没有因此而改变。最终我还是决定放弃示威。

“算了，接受吧。今后的日子一定不会太差的！”

世间事就是如此，既然不能如我所愿，那么尽快接受也是一种积极的态度。如果我一直让自己被消极的态度所占据，那么说不定我的第一份工作还没开始就要被炒鱿鱼了。如果还没正式工作过就辞职，就算日后到其他公司工作，只要遇到一点不顺心肯定会立刻想要放弃。

最终我还是坐上了开往洪城分公司的巴士。可情况并不如我所想的那样乐观，虽然我下定决心要接受一切，但还是虚度了整整一年的光阴。因为我还没能完全从内心的消极想法中挣脱出来。后来我意识到消极的想法只会妨碍自身的发展，于是我决定用积极的想法鼓励和鞭策自己。我不时地想着，即便我待在乡下，生存还是我自己的事情，我能否成功完全取决于我怎么做。在那之后我的改变连我自己都感到吃惊。

说到积极的态度我突然想到了一个人，他是我在新西兰工作时遇到的导游姜室长。

他的表情永远是阴沉沉的，仿佛一直沉浸在忧愁中。刚过四十的人就好像已经看破红尘了一般，对什么事情都提不起兴趣，也不经常说话。他的脸上始终笼罩着孤独的影子。我跟他打过招呼，请他喝了杯咖啡，沉默的他打开了话匣子。

“林先生，你说这世上还会有比我更倒霉的人吗？为了转运，我真是什么方法都试过了。曾经有一段时间我去教会虔诚地祷告，但还是不顺。于是我放弃教会又去寺庙里供奉佛祖。可我的人生道路却愈发曲折。所以最近我开始去教堂了。我真的是一事无成，移民十多年了还是住着租来的房子，也从来没跟家人出去旅行过。去年在工地干活的时候还伤到了腰，现在连活都没法干了，落到当导游的地步，混一天算一天。”

他说自己离开韩国已经 12 年了。他放弃了在韩国的工作，跟家人一起带着美好的梦想移民到了新西兰。不受污染的自然环境以及全人教育（指充分发展个人潜能以培养完整个体的教育理念与模式——译者注）的教育条件是他们选择移民新西兰的决定性因素。他在韩国企业从事了十多年的管理工作，他用自己的退休金在奥克兰开了一家很小的健康食品店。

从签合约到店内的商品陈列和销售，一切都进展得十分顺利。而且他面向的消费者都是来自韩国的观光客，几乎用不到英语。随着老顾客数量的增多，他的店开张不到一年就开始盈利了。成功看似就在眼前了。几个月之后他们就搬到了更宽阔的房子里，即将寿终正寝的车也换成了新的。

每天都沉浸在幸福与希望中的移民生活在 20 世纪 90 年代韩国遭遇 IMF 国际金融危机时变成了恐惧和绝望。奥克兰的街道上再也看不到韩国观光客的身影，韩国留学生也如潮水退去般离开了新西兰。偶尔接到的韩国邮寄订单也因为汇率的原因销声匿迹。点燃整个亚洲的金融危机，凶猛的火势也烧到了南半球的这座小岛上。

他以为情况很快就会有所好转，于是又撑了三个月。银行里的存款开始慢慢见底，他则因为翻滚而至的烦躁而无法入眠。当时租金是最大的问题。住房的房租还能撑几个月，但是由于店铺的销售几乎都维持在零的水平，最终还是不堪重负倒闭了。

就这样他的第一笔生意以失败告终。关掉健康食品店后，他又开了一间餐厅，但不出半年又关门大吉了。他想尽一切办法想找到一份工作，但是不会英语又没有技术的他想在新西兰找到一份工作，难度系数与摘星无异。在家闲了一段时间后，听说有个工地招木匠和杂役，他立马就奔了去。在工地里，他的工作是爬上梯子在高处的木头上钉钉子。三个月后他开始慢慢熟悉木匠的工作。工头也夸他诚实肯干，还许诺下个月会适当给他涨点工资。

但是用了三个月一直都好好的梯子突然折断了，他从高处摔了下来，被送进了急诊室。就这样他几乎在医院躺了半年的时间。因为腰部受伤严重，从那之后他再也无法干体力活了，靠着保险公司的赔偿金过活。现在他靠一周做一到两次的导游赚一些零花钱。关于他人生的感叹就到此结束了，分手时他最后说的一句话撩动了我的心弦。

“不过啊，多亏有我儿子我才能挺过来。那家伙上次考试得了全校第二，还拿到了奖学金呢。”

与姜室长的短暂相遇让我开始思考以下问题：

“如果是一个人生成功的人，或拥有积极思维方式的人遭遇姜先生的状况，他们会做出怎样的反应呢？”

也许你会觉得这个问题很莫名其妙，但也许他们会感激自己拿到了新西兰的永久居住权，能够呼吸那里的新鲜空气。为自己有贤惠的妻子和聪明的儿子而感到充满希望。

虽然事业失败了，但是自己还有健康的身体；虽然从梯子上摔了下来，但是还活着能够接受治疗，可以重新行走；虽然处境艰难，但是孩子在新西兰的高中取得全校第二的优异成绩，这都将让他们感到无比感激和骄傲。因此当处境相同时，用怎样的眼光看待这个世界就显得尤为重要。如果你深知积极的思维方式是打开光明未来的原动力，就更应该那么去做。

正在读这段文字的你，无论是职场新人还是公司的中坚力量，如果你想拥有成功的人生，有一句话是需要你每天像咒语一样去重复的。这句话就是：“我是一个运气好得不得了的人！”这句话说多了就会慢慢生出力量来。即便是运气差到不行的人，如果经常说“我是一个运气很好的人”，他也会不知不觉间进入好运者的队伍中。

每天早上一睁开眼就重复三到四次：“我是一个运气非常好的人！”见到公司顾客或上司的时候也时不时地讲：“我是一个运气很好的人！”对父母、妻子和朋友也要这样说。

人们本能地希望和运气好的人走得近一些，他们都希望从运气好的人身上分到一些好运。当你不停地重复“我是一个好运的人”时，好运就会悄无声息地来到你身边。那么现在让我们闭上眼，这样对自己说：

“我是一个运气好得不得了的人！”

03 工作态度

自信成就职场超人

在职场生活中自信与能力是同等重要的。有的人虽然有能力，但是因为缺乏自信而掉队；有的人虽然能力不足，但却凭借自信而超越他人。这究竟是为什么呢？

无论多么出众的个人能力，其实都是一个定量。但是自信是一个人对自己的信任，自信的人展现出的是一种“可能性”。因此信任有自信的人，将事情交给他们去做也是人之常情。在跨国企业 Gillette Korea 的入社条件中，英语读写能力是必选项。对于没有英语词汇积累，连简单的文章都读不懂的我而言，之所以能够进入这样的公司靠的就是自信。虽然我与公司要求的人才还有很远的距离，但是当我展现出足够的自信表示必将成为公司所需要的人时，连面试官都被我打动了。

那么“自信”究竟是什么，何以有如此大的影响力呢？下面我根据个人经验，整理出了一些关于自信的法则，供大家参考。

自信心重力法则

若没有持续不断的能量支持，自信心就会不断消沉。

虽然牛顿从看到苹果落地到发现万有引力只用了短短几秒钟的时间，但我却是在经历了无数的职场之后，才发现了这条“自信心重力法则”，而且用了整整二十年的时间。自信是看不见摸不着的，理论上无法用科学的手段对其进行研究，只能依靠长时间的经验和观察才能够参透。

那么自信到底是什么呢？真正的自信又是来自于哪里的呢？对自信产生直接影响的因素有哪些？为了得到自信，我们需要做哪些努力？

从我初入职场开始到现在，对自信的探索和挑战就从未间断过。通过长期的观察和研究，我发现了决定自信的三大要素，即“DEC”。DEC是DNA、Environment和Consciousness的缩写，分别代表遗传基因、环境和意识，也就是从父母身上得到的遗传影响，包括教育和文化在内的社会环境影响，以及个人意识的影响，这就是对自信心的产生起决定性作用的三大要素。

| 决定自信的三大要素 |

① DNA

有的孩子从小就比同龄人害羞，性格内向，对事消极。但有的孩子则活泼好动，乐观到唐突的地步。为什么会这样呢？这就是由 DNA （Deoxyribo Nucleic Acid）决定的。因为每个孩子从祖先那里遗传到的基因不同，所以性格也各不相同。也就是说性格直爽自信的父母生出的孩子也会带有这样的个性。

② 环境影响

教育环境对一个人的自信心会起到决定性的影响。有分析表示，一成不变的灌输式教育制度是成长期青少年自信心缺失的主要原因。我们的教育以竞争为基础，以应对考试为目标。在相同的环境下，用相同的方式，教授相同的科目，让孩子们认为只有第一名才是胜利者，其他人都是失败者。尤其是一部分无知的老师时常指责学生是“连学习都学不好的家伙”，对于处在成长期的学生而言，这会使他们长期处在缺乏自信的状态。

③ 个人意识

这是三大要素中最关键的一个。所谓意识不是一朝一夕就能自行产生的，而是需要长期的反复学习和思考才能够形成的。所以无论你拥有多么优秀的DNA，在如何优越的环境影响中成长，如果你的个人意识不够强烈，在开发自信心时必定会遭遇瓶颈。

说到自信，让我想到了自己从第一家公司转到Gillette的事情。虽然最初我是奔着一辈子的铁饭碗进的第一家公司，但当时对公司的事情也有很多想法。某一天，无意间看到了一张被人丢弃在洗手间的招聘广告。突然觉得眼前一亮，于是我就攥着那张全是英语的招聘广告直到下班。一下班就拿出英语字典，一边找不懂的词汇一边阅读招聘内容。广告的下端有五个英文单词“Essential Skills for All Positions”，翻译过来就是所有职位都需要具备的工作能力。

其中的两个条件跟我的距离实在太遥远了：一个是“Fluent English both in speaking and writing（具备流畅的英语对话和写作能力）”；另外一个是“Experience in multi-national companies（有跨国公司的工作经验）”。首先，我是在几个月前调到进出口部门才开始学英语的，现在连初级水平都还算不上。再加上我的第一份工作就是在大宇电子，根本没有外企的工作经验。

正在我犹豫着要不要抱着试一试的态度提交申请时，映入眼帘的一句话让我更加灰心了。在招聘广告的最后还写了一句带有警示意味的话：“Only qualified candidates are invited to submit a full resume in English .”其意思是“符合要求的应聘人员请提交英文简历”。

1999年年初，经历IMF金融危机之后韩国国内失业人员骤增，再加上许多在国外完成MBA学业说着一口地道英语的人才回韩国找工作。而Gillette旗下又拥有众多国际知名的品牌(如Gillette, Braun, Oral B, Parker, Duracell等)，况且还在当时韩国发行量最大的日刊上刊登了如此大篇幅的招聘广告，去应聘的人简直多如过江之鲫。

但是对于渴望在国际化企业中学习精炼高效的经营方法的我而言，任何一句话都无法挫败我的渴望与意志。因为是第一次写英文简历，我到书店买了许多书来参考，最后相当于抄了一份简历交了上去。

当时一共要进行三场面试。第一场是韩语面试，由人事主管进行；第二场是韩英双语面试，由Gillette公司博朗（剃须刀品牌——译者注）事业部主管进行；最后一场是由外籍大老板直接面试，而且是全程英语。

危机从第二场面试开始出现。当需要我用英语说明某种情况的时候，我的后背开始冷汗直流，捉襟见肘的英语实力也立刻见了底。第二场面试的时候任谁看我都必定会被淘汰，于是我对在场的韩国主管说了这样一番话就离开了：

"常务先生，之前因为没有什么机会使用英语，所以我的英语水平非常有限。但是对'营销'我还是非常有信心的。假如您要找的是英语好的人，那么我不是您要找的人。但如果您想找懂营销的人，相信我一定是不二人选。若是您能够选择我，我保证在一年之内提高我的英语水平。"

面试结束后一直没有收到消息，我几乎要放弃的时候，Gillette公司人事部打电话来说我通过了第二场面试，让我去参加公司老板的亲自面试。Gillette韩国分公司的老板是澳洲人，因为我的英语水平有限，面试时常因此中断，但是这一次我没有冷汗直流。在与老板交流的20分钟里，我知道就说知道，不知道就说不知道，几乎是手脚并用，努力地完成了面试。最后我大声喊出最熟悉的两句英语"Thank you very much"，"Goodbye"，大步迈出了办公室。

你猜结果如何？虽然我不太清楚当时准确的竞争率究竟是多少对多少，但我是以Gillette韩国公司博朗事业部次长

（Account Manager）的身份进入公司的。在距离招聘条件十万八千里的情况下，我竟然以正式员工的身份进入一家外企，而且还是销售吉列剃须刀、派克钢笔、博朗电动剃须刀、金霸王电池等国际顶尖产品的跨国企业。实在是太难以置信了。

其实这算是一次非常无谋的挑战，我无法理直气壮地向人们推荐这样的方法。但我想说的是，这也许就是靠一个人真正想做某件事情的意志和自信能够得到的结果。发挥自信的力量有时能够让不可能变为可能。因为有自信的人可以将自己的能力发挥到最大值。

那么在职场生活中，究竟该如何开发自信呢？下面让我来告诉各位正准备进入职场或刚刚找到第一份工作的后辈们三个获得自信的方法。

第一，在工作中想要获得自信，先决条件是你做的是你喜欢并且比别人做得好的事情，这一点非常重要。

每个人都有天生的才能，好好挖掘这种才能并将其与工作联系起来，就能将你的力量最大限度地发挥出来。当你在自己喜欢并且比别人擅长的领域里尽情发挥才能的时候，自信心也会更加充盈饱满。

别人喜欢的事情并不一定就适合你，别人觉得好的事情也不能保证一定就对你也好。总是在意别人的看法，困在自己不喜欢也不擅长的事情上，自信心总会有消耗殆尽的一天。

第二，适当地要有“做好了算我的，做错了算别人的”的态度。也许有人会惊讶我怎么会叫大家做一个自私的人呢？但其实对于受“自信心重力”影响格外明显的职场人而言，再没有比这更好的策略了。虽说谦虚是人人都需要的美德，但是过分的谦虚也必定会带来副作用。这里的副作用就是指自信心受到打击。

具备谦虚美德的人，对于身边出现的问题，总有无条件揽在自己身上的倾向，一不小心自信就会受到冲击。所以不要一味地责怪自己，而应该对包裹在问题外的各种原因一层一层地剥开，逐一进行分析。

第三，对你正在做的事情赋予强烈的涵义。要无条件相信你的工作对于公司是至关重要的，对公司的立足和发展都是必须存在的。

无论你现在的工作是卖场销售、办公室后勤还是经理职员，对于公司你的存在都是至关重要的。严格来说，公司老总和高管每个月拿到手的工资都是经由你手赚进来的，没有职员的辛勤工作和积极配合，任何一个组织都无法正常运转。当然如果你工作懈怠却还这样想的话那就是自负了；但如果你在履行职责的同时给自己的工作赋予意义，那么自信心就会与你如影随形。

自信能够帮我们树立积极乐观的形象。越是职场新人越应该用积极和乐观来武装自己。大部分的员工在经历轮番培训之后，很容易感染公司的不良风气。这时如果他们见到朝气蓬勃的新人，再对比自己现今安逸的样子，便会敲响警钟重新燃起斗志。如果你可以始终保持新人时期的工作态度，要在组织内找到立足之地不过是时间问题而已。用自信武装自己，仅凭这一点你就可以在职场所向无敌。

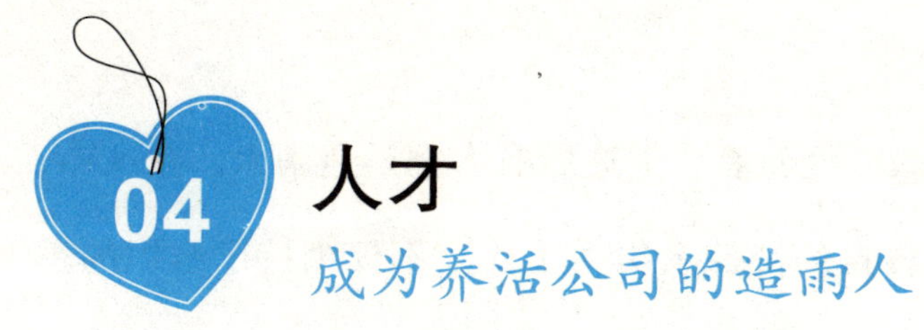

04 人才

成为养活公司的造雨人

大家听说过造雨人（Rainmaker）这个词吗？

造雨人是指从前在美国祈雨的印第安巫师。当干旱的程度威胁到人类生存时，印第安造雨人就会借助自己灵魂的力量让上天降下甘露，克服危机。

在经济学作品《造雨人》中，作者杰弗里·J·福克斯（Jeffrey J. Fox）解释道，造雨人是指为组织创造巨大利益的组织成员。一般情况下称公司创始人、最高经营者、董事、投资者或通过新兴产业创造巨大财富的职员为造雨人。

简单来讲造雨人可以解释为“养活组织的人”或“组织不可或缺的人”。

开发出产品核心功能的研究人员，创造新客户将销售额最大化的营销人员，生产出高品质产品的工厂工人，不断发掘和改善节约成本要素的管理者，选拔优秀人才的人事部职员，以及时周到的服务感动顾客的客服人员，让员工充满斗志并带领组织高效运转的最高经营者，上述所有人都是造雨人。像这样，造雨人们在他们各自的岗位上努力工作，不仅维持了组织的正常运转，还为公司创造利润贡献了自己的力量。

每一个在自己的领域扎实苦干的职员都可以称作是造雨人，我曾经的一段经历让我觉得自己也可以成为一个造雨人。在大宇电子洪城分公司工作快一年的时候，出于对自身发展和公司利益的考虑，我认为是时候把前一年众多消极的想法清除干净重新开始。首先我为自己设定了目标。

“好吧，先想办法回到首尔的国内营销本部吧。”

目标确立之后感觉人好像有点斗志了，但是在这乡下的小门店里要如何进入首尔的国内营销本部呢？长期支配我的消极想法瞬间如台风般席卷而来，又把我变成霜打的茄子一般毫无斗志。这消极的想法当真是找到一点空子就会重新抬头。

“不会的，什么都要试过了再说。先在这里得到认可吧。如果在这十几人的小组织里都不能得到大家的认可，如何得到精英云集的国内营销本部的认可呢？那么，要如何在现有的组织中得到认可呢？既然是营销分公司，那么最重要的就是业绩。没错，卖得越多越好，就这么定了。”

我重新鞭策自己下定决心。果然想法支配行动，积极的想法自然会带来积极的行动，不知不觉间我看到了自己的变化。最重要的是工作变得越来越有趣。我不再单纯为了得到工资养活自己而去工作，工作成为一条不断延伸的、充满挑战的人生延长线。

用愉快的心情工作，我的工作变得积极且充满创意，这些思考和行动最终都兑现成了销售业绩。从前我只会绞尽脑汁为我的烂业绩找一个合理的借口开脱，但现在我满脑子都在想如何超额完成任务为公司获得利润，在组织中得到认可。

这样一来，我的名字便顺其自然地找到了让国内营销本部全体员工知道它的机会。

< 第一名 林奎男 >

主管忠清道、全罗道的西部销售事业部，以管辖区内的数十名销售人员为对象举办了冰箱销售竞赛，而我获得了竞赛的第一名。在 20 年前的那场竞赛中，第一名的奖金是韩币 20 万元（相当于人民币 1000 元——译者注）。在这年年举行的比赛中，那一年的第一名受到了额外多的关注。原因不是因为奖金高，也不是因为获得第一名的我。

“你说什么？洪城分公司得了第一名？”

真正的原因第一名竟然出自任何人都不曾预想到的地区。正如前面提到过的，洪城分公司是唯一设在邑里的分公司，市场规模非常小。大部分人都觉得第一名会出自市场规模较大的大田、光州或者是全州的分公司，而洪城根本就没有被纳入考虑范围之内。

人们议论的热点不仅仅是小公司的咸鱼翻身，他们更关注的是一个销售经历不满两年的新人，竟然打败忠清南部地区的所有销售人员获得第一。当时西部销售主管在竞赛后亲自访问洪城分公司鼓励我们的事情到现在还记忆犹新。

下面轮到你了。在公司指派给你的工作岗位上，你是一名造雨人吗？

无论你在哪个部门做着怎样的工作，既然你已身在职场，那么就必须要有成组织中的造雨人的觉悟。成为组织不可或缺的人，让组织充满活力，引导组织的改变和发展。

成为组织的造雨人就等同于在组织里崭露头角，成为组织中受到认可的，如同“甘露”般的存在。如果说古代的印第安造雨人拥有与生俱来的法力，那么现代的造雨人就需要靠自己努力打造自己。如果我待在洪城分公司只是为了混口饭吃的话，那么我一辈子都只能是一个销售人员。

如果你无法成为当前所在公司的造雨人，那么无论你出于何种原因转到其他公司工作，依然难以立足。从现在开始，请认真思考如何能够成为你当前所在公司的造雨人。留心观察和研究业界知名的造雨人，像他们一样思考，像他们一样行动。

不是有句话说，想要成功就像成功人士一样去思考和行动吗？绝不能做一个对组织无关紧要的人，做一个问题不断的捣乱者（trouble maker）更是万万不可。

想要成为一名职场造雨人，最关键的核心力量就是“创造性思维”。因为创造性思维能够对原始产品或服务进行核心性的改革，更能够给企业带来超乎想象的利益。

我们可以用谢尔登说过的话来解释所谓的“创造性思维”。谢尔登·阿德尔森（Sheldon Adelson）是拉斯维加斯金沙集团（Las Vegas Sands Group）的创始人，是曾经以260亿美金的资产入选世界十大富人的经营者。某一次他参加CNN节目，当被问到成功的秘诀是什么时，他做了以下回答：

“现状是需要改变的，如果你改变了某个行业的现状，那么成功就会如同影子一般跟着你。（You have to change the status quo, and if you change the status quo of any business, success will follow you like a shadow.）”

同时谢尔登对无数人失败的原因做出的回答是：“按照别人的方式依样画瓢。”

如果我在第一份工作时，按照前辈的方式做的话，也许洪城分公司至今都拿不到那个第一名。我的生活也许就是拿着差不多的工资，运气好的话还能升个职，等有点经验的时候再跳槽到条件稍好的公司。这样的想法无论对自己还是对公司都是有害而无益的。在第一份工作中以造雨人式的思维，用富有创造性的工作为组织创造巨大的利益，这无论对个人或是组织都是一种成长的原动力。

“在这经济不景气的时期，怎么做可以不被公司裁员，在公司坚持更长的时间？”如果你的想法是这样的，那么你还停留在生存型的思维方式上。

“如何能够开发出新的方式，给公司带来更大的利益呢？”

造雨人式的思维与生存型的思维在出发点上就大不相同。以生存型思维为主导做出的选择很难成就一个成功的职场人。只有造雨人式的思维才能够改变我们自己，并成为企业发展的基础。如果你认为自己一直以来的工作形态都更接近生存型，那么从今天起请努力将自己从思维方式开始变成一个造雨人。在这个过程中你的工作能力会有非常明显的提高，工作的愉悦度和满足感都会大大增加。

各位，让我们再下定一次决心吧：

“从现在开始我就是公司的造雨人！”

|前辈们的“第一份工作”01| 崔英（浦项制铁公司队长）

一位在浦项制铁公司待了整整22年自称“憨熊宝宝”的职场人。虽然自称是典型的没有眼力价，脑子不会转弯的普通人，所以才会一直待在一家公司。事实上她在这家男职工扎堆的钢铁企业中，躲在第一批公开招募的本科女职员的名号下，过着如鱼得水的职场生活。

① 认为自己在职场中做过的最正确的事情是什么？

对待工作有计划地推进，竭尽全力地去完成，事后对结果不心存抱怨，这是我树立的做事原则并且在努力实践着。其实在一个组织中工作的结果存在许多变数，如果你为此自责或后悔只能是浪费时间和精力。无论对待什么事情，竭尽全力并不为结果感到后悔是非常重要的。这句话并不仅仅适用于工作，对待人生亦是如此。做任何事情都要全力以赴，而且不为结果而后悔。这不仅是我对待工作的态度，也是我人生的原则。切勿有太多的顾虑！

② 在第一份工作中，遭遇的最难堪的瞬间和最困难的问题

某天我提早 20 分钟到办公室，坐在我后面比我早一个月进公司的男同事很大声地挖苦我说：“你以为公司是学校啊？”那个时候大部分的男职员都会提早一个小时到公司，一起吃饭闲谈。当时我太慌张了不知该如何应对，只记得我一个人蜷缩在角落里安抚自己。虽然现在两个人都当上了组长，可以拿这些当谈资，但如果当时有一个不管好听的难听的话都肯说的导师，我想一切都会更容易克服吧。

在职场生活中我们都需要一位真正的导师。我们需要能把难听的话照实对你说的导师，而我们也需要抱着“忠言逆耳”的态度照单全收。好的导师不会某一天突然出现在你面前，只有当我们凭意志去寻找时，才能够遇到真正的导师。

③ 工作一年后最苦恼的问题，以及当时关注的领域

公司的聚餐一直让我倍感负担。不想去又非去不可，去了又想回家，坐在那里我和对方都觉得尴尬。由于公司业种的特殊性，男职员占了一大半，聚餐对于他们而言是积累人脉的一种方式。因为聚餐而造成的精神压力，使得我与其他同事的关系越来越疏远，我对组织的归属感也越来越淡，后来我甚至开始怀疑：“我还能在这里继续工作吗？”

无奈之下我在心里不断暗示自己，公司聚餐是促进工作和团队合作必须参加的场合。但是考虑到我没有什么可以在聚餐上表演的技能，所以努力寻找在工作中能够活跃气氛的东西，例如热点话题、咖啡、零食等。另外我还给自己洗脑，聚餐必须一定要参加。现在回想起来，与其一味地回避还不如想办法解决问题。

当时大家为了拥有自己的竞争力，大部分人都在努力学习外语，希望用英语来增强自己的工作能力。现在的情况也是如此，对于文科的人而言所谓的技能其实就是语言能力。所以学好语言肯定是不会让你后悔的，也希望各位一定不要忘记学习外语，而且要不分昼夜地卖命学习才可以。

④ 对马上就要工作的后辈想说点什么？

不要一味地追求“铁饭碗”，也不要想着一辈子靠一份工作解决问题，我们应该从长远的角度来看待问题。“Time is magic”，也就是说时间随着我们使用方式的不同，它可以有千百种的变化。尝试制定长期、中期、短期计划，再依照这些计划详细地安排每天的行程，这样必定能在 24 小时内获得属于自己的时间。因为在这制定和实践计划的过程中潜藏着解决世间一切问题的魔法。

⑤ 在第一份工作中遭遇的人际关系问题，以及你的解决方案

同事之间的矛盾，男女同事之间的矛盾，前后辈之间的矛盾等等人际关系的问题随时随地都可能发生。我们应该用潇洒的姿态，把这些矛盾看做是日常生活的一部分。当然如果是你特别希望解决的问题，你就必须一直保持关心，努力想办法开解彼此开心中的疙瘩。

实在是束手无策的时候，那么就闭上眼睛等待，把一切交给时间来处理。一段时间过后，等事情本身和人都有所改变的时候，矛盾自然而然就解开了。在这个过程中，我们最先要做的就是照顾好自己的感受，不要让自己伤心。因为只有在自己不伤心的情况下，才会有心情去顾及对方的感受。如果自己的心被伤得血肉模糊，哪还有心情去和解，去原谅呢？你心里舒服了才能去理解对方。

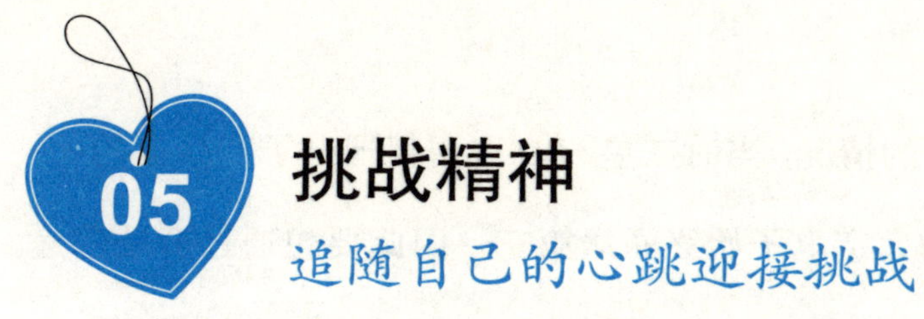

05 挑战精神

追随自己的心跳迎接挑战

在销售人员的世界中有一条不变的定律，“业绩就是人格”。因为销售人员的业绩代表了一切。不是说称赞可以让鲸鱼跳舞吗？自从在冰箱销售竞赛中获得第一名之后，我对销售更加感兴趣了，我的业绩也一直保持在上游。

但是我的梦想并没有在这里停滞不前。我一直在积极地寻找进入位于首尔麻浦区的国内营销本部的机会。当时从位于地方的营销分公司调入首尔的营销本部的例子很少。但是我从一开始就颠覆了所有人的想法，这次我也相信经过我的不懈努力一定可以找到机会。

而且我几乎感觉得到机会已经来到我的面前。就在距离洪城分公司的代理职位升迁考核不到三个月的时候，国内营销总部打来电话，销售企划部正在招募职员。

工作内容是搜集三星、LG 等竞争对手的信息，分析之后报告给经营者。由于工作重要，外勤频繁且工作难度大，因此经常出现缺人的情况。当时三星、LG占据韩国电子产品业的一、二位，后起的大宇电子始终屈居第三。因此要想通过合法的途径获取并分析行业巨头的营销策略、促销计划等高级情报，自然就是一项非常危险且充满挑战的事情。

“是要稳稳当当地升职呢？还是去梦寐以求的首尔呢？”

选择只能是一个，而且这是我自己的选择。洪城分公司每年都会对业绩靠前的人进行人事考核，我升职为代理几乎已是定局。但如果我选择去首尔，不仅要放弃升职的机会，还要挑战全新的工作。虽然前辈们都劝我先升上代理然后再等待下一次的机会，但是我不能仅仅为了“代理”这个称谓，而放弃去挑战充满希望的未来。就这样我向国内营销本部提交了申请，进入销售计划部工作。

在我出发去首尔的那天，天空湛蓝得耀眼，巴士奔跑在笔直的庆北高速公路上，迎面吹来的风从未如此清爽过。这清爽的风便是我那一刻的心情和即将到来的未来。我进入国内营销本部之后，投入搜集和分析竞争者信息的工作中。另一边我自然是在人生中的第一次升职评价中被淘汰。

我并没有太多的时间去苦恼我比同时进入公司的同事晚一年升职。相反推迟升职这件事情给了我很大的动力，沉睡在我身体某处的名为“自我开发”的引擎全力发动了起来。

那曾经高不可攀的英语大门也慢慢被我敲开，而且我觉得应该把落下的部分补上，所以第二年我考上了经营系的研究生，通过 5 个学期的埋头苦读，对与经营和经济有关的领域进行了广泛的学习。

“这世间的一切都在等待你的下一次冒险。（The entire world is waiting for your next adventure.）”

这句震撼心灵的话是畅销书《活出美好》（Your Best Life Now）的作者美国雷克伍德教会的牧师乔尔·奥斯汀 Joel Osteen 在他的第二本畅销书《做更好的你》（Become a Better You）的第一章中着重强调的。我非常赞同他的想法，我想跟大家谈一下这个在选择的瞬间能够起到决定性作用的“挑战精神”。

人类历史是人类通过持续不断的挑战而得出的结果，个人的历史亦是如此。可以说人的一生在某个领域什么时候如何进行挑战的，决定了我们现在所在的位置。

挑战的人留下成功的历史，不挑战的人留下停滞的历史。这并不仅仅反映在一个时代上，个人也是如此。在我们的人生履历中，是用成功的辉煌来装点，还是留下淘汰落后的印记，完全取决于一个人的挑战精神。

无论是自己做生意还是在公司上班，我很怀疑有没有什么事情是不需要挑战精神就可以做好的。与企业家相比，职场人最缺乏的就是挑战精神。对于这句话我表示一定程度上的赞同，但是并不完全同意。因为企业家和公司职员各自的角色和职责不同，拿他们的挑战精神做比较并没有多大的意义。

经过我长期的观察和个人经验我得出的结论是，在职场生活中我们可以无限量地开发挑战精神。一般人随着年龄的增长开始追求安稳和稳定的环境。因此我们必须谨记一点，如果不在第一份工作时就自发地去挖掘，等经历丰富的时候挑战精神也不会自己变出来。上了年纪的人总是叹着气说“我要是再年轻十岁就好了”，这都是有原因的。

那么在学校没有学过，到社会上也没人教过的挑战精神，究竟要如何去培养呢？第一阶段的训练是最重要的，首先你要在内心描绘出，你的希望是什么，你想要得到什么，你想实现什么，你想成为什么。

如果说将来你想成为企业的最高经营者 CEO，那么首先要确定企业的经营领域，是服装业还是 IT 业，或者是流通业。确定了具体的领域之后，再去具体地描绘当你成为 CEO 时，你将为顾客提供怎样的商品或服务。公司的位置，办公室构造，甚至于你用的办公桌大小和桌面陈设都要清楚地描绘出来。这样的想象越是具体细致，你越能感受到自己悸动的心跳。逼真的想象可以改变现实。

第二，在自己身上不断挖掘达成目标所需要的基本能力。想要成为企业的CEO需要具备该领域的基础业务知识、技术、领导能力、沟通能力、工作推进力、核心思维等核心能力，这些能力什么时候、如何去开发都需要你制定周密的计划并积极实践。

第三，不断练习着去敲机会的大门。过分执着于前两个阶段而不去尝试的话，很可能不知不觉间就到了退休的年龄。这世上没有十全十美的人，自然也没有具备所有能力的完美经营者。

因此我们应该在不断实践前两个步骤的同时，随时去敲开机会的大门。也就是说在大家各自的工作岗位上，不断寻找扩展工作领域和职责范围的机会。当你认为时机成熟时就不要犹豫，果断地去尝试。

我们之所以在工作中不会祈求更多是因为害怕遭到拒绝。我们在挑战面前犹豫不定是因为对未来的不确定。但是我们真正该害怕的是恐惧本身，而并非未知的未来或者被拒绝的可能性。

人生本身就是一场挑战。也许会跌倒，会挫败，会掉队，但这也是我们活着的证据，只有充满热情才能经历这些。正如太轻易做到的事情没有成就感一般，越是困难的挑战就越有价值。而且我们身体里的每一个细胞，只要能胜任挑战就证明它还是年轻的。

务必不要害怕失败，应该挑战挑战再挑战。挑战一下你觉得棘手的工作，尝试一下你认为困难的事情，睁开双眼看向更广阔的世界。其实如果我们改变一下看问题的角度，失败只不过是一个迈向成功的阶梯而已。如果你因为害怕尚未出现的失败而放弃挑战的话，在弥留之际剩下的便只有不曾尝试过的遗憾。

主动型价值观

“你”才是人生的主人，请铭记

大多工作快满一年的职员经常被以下问题困扰着。工作一年后不再像初期为公司解决了自己的就业问题而感恩戴德，而是处在一种已经熟悉公司体系，工作也基本熟练的状态，因此他们需要更大的成长机会。但是他们没有想要成为人才改变公司的雄心大志，而是像其他人一样堕落在上班、午餐、下班的循环中，并带着“职场人不都这样”的消极心态安于现状。

我曾经也有过在打破现状和安于现状之间辗转苦恼的时候。狭小的舞台虽然能带来稳定的人生，但又担心自己会就此堕落下去。每当我想到那宽广的舞台，就激动得仿佛梦想已经实现了一般，可不安与恐惧也正在等着我。

但说来奇怪，对未来越是恐惧不安，瞬间出现的那种紧张感就越令人着迷，那种感觉是言语难以形容的。最重要的是我的人生不再受公司支配，而是由自己主宰，这实在是太有趣了。我相信通过这样以自己为中心的人生体验，一定能够让我得到更大的进步和发展。

我选择进入首尔总公司的决定多少有些欠考虑，但不懈的努力也让我逐渐得到认可。想到我今后的人生，眼前便满是玫瑰色的光芒。当时韩国处在史上最大规模的金融危机中，国家正在向国际货币基金组织申请救急贷款。政府认为只有对大企业进行高强度的组织调整才能够救活韩国的经济。因此20世纪90年代初期，韩国政府极力推动相似领域企业之间的并购。当时电子产业的领军企业三星电子也开始详细讨论并购排名第三的大宇电子的计划，政府发布这项政策后大宇电子内部当即成立了应对委员会。

当时出任委员会委员的我，趁着国内各大新闻媒体争相报道的档口，代表大宇电子全体员工宣读了“反对并购说明书”，陷入混乱中的15 000名员工几乎每天都喊着“誓死反对并购”，“保障生存权利”的口号举行街头示威和户外集会。当时位于麻浦区孔德洞的大宇电子本部里里外外连日口号声不断，无数的员工都认为只有团结才是唯一的生路，他们彼此鼓励，誓死要战斗到最后。

就这样过了几个月的时间，三星电子的并购计划最终流产。大宇电子发布了大规模裁员计划，开始出售几个负债率较高的海外销售公司。各子公司也通过大规模的裁员谋求生机。

临近年末，公司里流传着马上就要推行名誉辞职制度的传闻。据说自动离职的员工不仅可以得到法定的离职补助金，还将根据工龄支付慰问金。这样算起来工作10年的科长级员工除了离职补助金之外，还可以拿到15万元（本文中的韩币金额均已换算成人民币——译者注）左右的慰问金。

像我这样的情况可以拿到12万元左右的离职补助金，因此听说可以拿到更大的一笔钱我还是蛮心动的。因为当时我租住的是押金20万元的房子，名誉辞职慰问金对于我而言是笔不小的数目。

（注：韩国有一种特殊的租房方式，向房主支付一定量的押金就不需要每月缴纳房租，房主通过用这笔押金投资获得利益，租房者退房时押金如数退还。）

但就在公司开始接受员工名誉辞职申请的一个月前，我主动辞去了在大宇电子的工作转入一家跨国企业工作。

“再坚持一段时间就有15万元进账了，这种时候辞职，世上还有这种傻子？”

我仿佛听到了人们在背后的议论声，但是我没有丝毫的动摇。我不否认当一个月后在报纸上看到大宇公司向员工支付安慰金的新闻，那一瞬间还是有点心疼的。但那不过是瞬间的感觉而已，与眼前的利益相比，我选择了走向世界的机会，所以我从未因自己做出这样的决定而后悔过。

史蒂芬·柯维（Stephen R. Covey）博士在他的畅销书《高效能人士的七项习惯》（The 7 Habits of Highly Effective People）中提到的第一个习惯就是“积极主动（Be proactive）”。柯维博士强调，“想要拥有成功的人生就必须在生产与生产能力之间维持平衡，且必须以自身为主体。其余的六个习惯也都必须在这个基础上实施才有效。”从初入职场起就养成积极主动的生活方式，是日后获得人生成功必不可缺的条件。

我们最先要考虑的是，这只有一次的宝贵人生是要自己来主宰，还是要被动地接受公司或他人的安排。我想不会有人会认为，“按照别人的指示思考或行动会让自己的人生更加幸福。”但是仍有不计其数的职场人正毫不反抗地顺从着外部的压力。“这混蛋公司，我不干了！”整天把这样的话挂在嘴边，却不会苦恼也不做任何努力。每周一依然照常来上班，上了班就盼着下班，一整个月都在伸长了脖子等工资日的到来。人类与动物一样，待在某个特定的组织中时会非常有安全感，并且会害怕离开这样的组织，希望一直保持安稳的状态。因此越是职场新人越应该努力培养主动型的价值观，赶在熟悉安全感与归属感之前。

主动型价值观与职业的选择有非常密切的关系。如下图所示，主动型价值观的职业选择主体是自己，而被动型价值观的主体是企业。主动型价值观选择职业的目标是实现自我，而被动型价值观的目的只是单纯地养家糊口。主导型价值观的工资含义是参与生产活动创造的与公司共享的利益，被动型价值观的工资含义则不过是一定时间内的劳动报酬而已。

I 决定人生重要抉择的两种价值观 I		
项目	主动型价值观	被动型价值观
职业选择的主体	自己	企业
工作的目的	实现自我	生存需求
报酬的概念	利益共享	劳动的报酬
离职的主体	自己	企业

即使在相同的空间和时间做同样的事情，不同的价值观决定了职场不同的含义。在职场生活中，如果你不能从被动的价值观中摆脱出来，那么你将永远活在被雇佣者的不安中，无法得到自由。因为不知何时会被公司解雇而总是感到不安，看到报纸上因为经济不景气而裁员的报道就虚脱无力。

如果你不将自己的价值观彻底转变为主动型的，那么大半夜你还要不情不愿地喝着上司倒给你的酒，早就过了下班时间还要看着上司的脸色待在公司浪费时间，拖着疲惫的身体回到家也不给家人好脸色看。而且如果你不摆脱被动的价值观，你工作的目的永远只能是“为了糊口”，“为了不饿着老婆孩子”。为了拿到那没多少的退休金，你会想尽一切办法，也将为此用尽了所有的时间。

职场生活的主体不该是企业或雇主，而应该是“我”。以“我”为主体的职场生活带给我们的是真正意义上的生存意识、挑战意识以及成就感。以企业为主体的职场生活带来的却只有对未来的不确定，被雇佣的不安，以及偶尔有负公司期待的自责感。

离职的主体也应该是“我”。一份工作无论多么稳定报酬多么丰厚，如果危害到自己的健康或家人的幸福，任何时候都应该递出辞职信。说得再直白些就是，“不是公司不要你，而是你先把公司开了”。这是我们自己和公司生存下去的唯一道路。如果公司要求员工绝对的忠诚，员工也希望公司保障自己的生存，那么公司和员工都必然会失去进军世界市场的竞争力。

站在选择的岔口上，请选择自己真正想要的东西而非眼前的利益。选择能让你更接近梦想，哪怕只是一小步。正如我前面提到的，我放弃第一份工作的时候同时放弃了十几万的慰问金，进入现在的公司。至今为止，我从未因自己的选择后悔过。因为促使我做出选择的主体正是我自己。

带着主动型价值观工作的人，偶尔会陷入无法预计的不利情况。也许会遭遇出乎意料的难堪经历，也许还要带着人们厌恶的标签工作。但是只要主动型价值观在你的意识深处生根发芽，你就会发现它最大的优点就是让职场生活变得充满乐趣。

当无数职场人被不知何时将被解雇的不安困扰时，主动积极的人心情舒畅地做着自己的事情，专注于自我开发。他们看到自己一年年的成长和发展，工作的乐趣也越来越浓。当别人看着上司的脸色，体力在加班和聚餐中愈发枯竭的时候，主动积极的人定点下班，经常运动，和家人一起度过愉快的时光。世上还有比这更幸福的事情吗。

人生原本就是属于我们自己的，自己决定下一个目的地，用自己的双脚朝着目的地出发，这是多么快乐的事情。这样积极主动的人生不仅带给人自信心和自豪感，让职场生活变得愉快滋润，而且也是让自己和家人获得幸福生活不可或缺的条件。但是在主动型价值观变得足够牢固之前，外部的妨碍和内心的迟疑还会反复出现。因此需要长时间的努力，这一点请务必牢记。

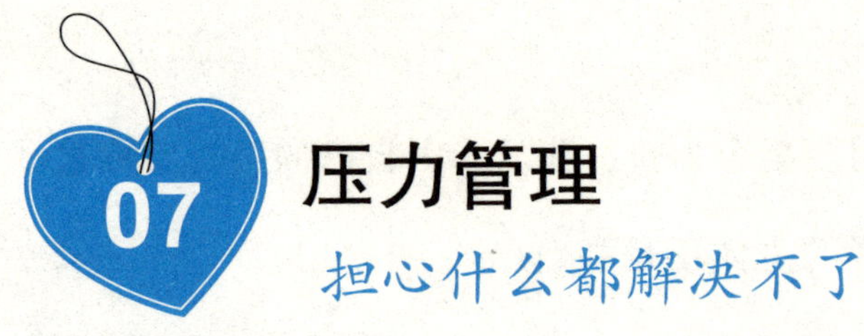

07 压力管理
担心什么都解决不了

“林科长！过来一下！”

“是，理事。”

“你，照照镜子去。”

“……”

“你的脸色怎么能比我好看？”

“什么？”

这是在大宇电子工作时碰到的事情。新来的宣传部理事刚上任没多久，某天突然把我叫过去问了一个莫名其妙的问题。我见理事的脸红通通的，瞬间我只觉得我可能犯了什么大错了，于是什么话都说不出来。接下来的几分钟我被臭骂了一顿，但我完全不知道被骂的原因是什么。

“林科长，你是从地方大学出来的吧？”

“是的，理事。”

“你如果被炒鱿鱼了有地方去吗？”

“……”

“我如果不干了还可以到地方大学当教授，你有地方去吗？”

“理事，请问我哪里做错……”

“算了，你出去吧。”

当天晚上我失眠了，不管怎么想都觉得我好像没做错过什么，无论是工作还是私下。满脑子都在想他为什么对我有那么大的情绪。想法一环扣一环，突然想到他说的那句话，“是啊，正如理事所说的，如果我明天被公司辞退的话可以去哪里呢？”看着一边睡得正香的妻子和刚满周岁的儿子好一会儿，心情异常复杂。

“我肯定是犯了什么大错了。否则……”

“明天早点到公司，先重新整理一下最近向理事报告的工作内容。”

我的这份工作一门心思做到第七个年头，从未想过关于换工作的事情。第二天，我下了很大的决心匆匆赶到公司。上班之后，坐在我旁边的前辈科长把我叫过去小声说道：

“林科长。昨天理事是气过头了，他说的那些话你不要放在心上，这段时间小心点就是了。”

“金科长是怎么知道的？”

“都听见了。”

“金科长，我真是郁闷死了。我实在不知道自己做错了什么。”

“几天前你下班之后就一直问呢。”

“问什么？”

“为什么林科长先下班了……”

瞬间我意识到“就是这个！”同时又感觉自己好像被人用锤子狠狠地砸了一下后脑勺迷迷瞪瞪的。原来祸根是那几次比理事早下班的事情。当时公司的五个宣传部门都是由科长担任组长，我比其他组长要年轻三四岁。问题就出在其他组长都在公司待到理事下班才走，唯独我晚上七点左右就下班回家了。

当时公司规定的下班时间是下午六点半，但几乎没有准点下班的员工。我比一般的员工甚至还要早一个小时上班，如果没有特别的事情我一般会在六点半到七点之间离开办公室。和我一起工作的五名组员，我也一直要求他们“工作时间集中精力高效率地工作”，而我也是“无论上司在不在，都会努力完成自己的本职工作”。所以上下班时间，尤其是下班时间对于我并没有太大的意义。

从新人时期开始，我都是以工作为重心来做事而非时间。有时接到时间紧迫的项目通宵工作是常有的事情，为了得到好的成果我更是自愿贡献出了大半的休息时间。这一切都是因为我喜欢工作，而不是为了表现给领导看。所以单纯用下班时间来进行判断，只因为比领导早下班就把我看做是有问题的员工，这让我觉得非常荒谬。理事的指责给我造成的打击比想象中要大得多。进入公司八年来第一次让我起了别的心思，只因为受到了这样的刺激。

从你进入公司成为职场新人的那天起，定期会从公司那里得到两样东西，一个是工资，一个是压力。两者的区别只在于工资一个月才领一次，但压力却是天天都有的。联合国附属机构 ILO（International Labor Organization，国际劳工组织）称压力为“全世界新型传染病”，在韩国“Stress（压力）”也是人们使用最为频繁的外来语，这都足以看出压力与现代人的生活有着密不可分的联系。

另外有研究表明，韩国职场人的各种精神疾病和身体疾病都与压力有着深层次的关联。身在职场任何人都躲不过压力，如何管理这些压力很大程度上决定了一个人的健康情况与职场生活的成败。现在开始让我们来聊一聊对压力有效地进行管理的方法。

那么什么是造成职场人压力的主要原因呢？上下班的压迫感，不适合自己的工作内容，与上司或同事间的矛盾，工作与家庭之间的不协调等一切与职场生活有关的事情都会诱发压力的产生。繁重的工作加上与上司或同事间的人际关系问题，这些压力是不可小觑的。

“压力”的概念是由加拿大内分泌学者塞里（H. Selye）首次提出的。压力可以被定义为，“生命体在接受所有种类刺激时出现的紧张状态”。当人体感到有压力时，身体就会分泌出一种称为皮质醇（Cortisol）的压力荷尔蒙。相对应的人体内还有一种可以增强免疫力的物质 DHEA，DHEA 是一种抑制老化的荷尔蒙。当人体内的皮质醇含量增加时，DHEA 含量会减少；相反 DHEA 含量增加时，皮质醇含量就会减少。

因此我们在职场中感受到的压力，从医学的角度可以解释为，因外部刺激造成体内抗衰老荷尔蒙分泌量降低，压力荷尔蒙分泌量提高。那么我们应该如何在职场生活中，最大限度地抑制皮质醇的分泌，而将 DHEA 的分泌量最大化呢？

致力于人类心脏机能研究的美国心脏数理研究院（Heart Math Institute）创立人奇尔德博士（Doc Childre）与霍华德·马

丁（Howard Martin ）认为幸福、感谢、怜悯、关怀等感情可以抑制压力荷尔蒙皮质醇的分泌。他们在《心智算数解决方案》（The Heart Math Solution）一书中通过各种实验证明，关心是一种强效的能量恢复剂，需要消耗大量能量的压力则相反，压力会对我们的免疫系统造成非常大的损伤。

简而言之，在职场生活中只要控制好忧虑的心情和愤怒的感情就可以对压力进行有效的管理。如果我们刨开当代职场人压力的根源，仔细观察就不难发现，大部分的压力都来自于对未知未来的忧虑以及对小概率事件的担心。

“明年公司进行组织调整怎么办？”“万一被派到地方销售部去怎么办？”“下一次升职审查中被淘汰了怎么办？”“经济这么不景气，万一变成无业游民怎么办？”

我们的苦恼就是像这样，一个解决后再生出另一个，我们在不断地孕育着皮质醇的产生。因此我们只要忠于每一天的生活并消除内心的忧虑，那么压力就已经解决了一大半。

怨恨与愤怒会对我们的健康产生多么恶劣的影响，我们已经通过各种渠道有所了解，在这里就不再做详谈。尤其是在职场生活中，对他人抱有长期性的恨意与愤怒不仅会诱发疾病，而且还是搞砸情绪的主犯。

职场是许多拥有独特个性的人共同工作的地方，因此在工作过程中出现一两次误会是在所难免的。再加上大部分的职场都以盈利为目的，在工作过程中部门或个人间，因理解误差而导致对方伤心的情况时有发生。遇到这种情况，有的人选择通过对话解决问题，有的人却不愿再与对方有所交流，长时间地保持怨恨对方的愤怒状态。

因参与黑人人权运动而被判无期徒刑并服刑了27年，因此成为世界人权运动象征性人物的南非共和国第一位黑人总统纳尔逊·曼德拉（Nelson Mandela），当被问及该如何原谅将他送进监狱的人时，他回答："怨恨他人的行为，其实就相当于我自己服毒却想杀死对方一般。"越是怨恨对方，愤怒的心情就越长时间地残留在身体里，导致身体持续地分泌出压力荷尔蒙皮质醇，逐渐破坏自身免疫力。

闻名世界的压力管理方面的顾问理查德·卡尔森（Richard Carlson）在他的著书《不要为琐事烦恼》（Don't Sweat The Small Stuff）中为读者提供了许多有用的压力管理方法，该书的核心内容如下：

"如果你此刻正处在愤怒、悲伤等消极的情感之中，请不要费心去研究自己为什么会被这样的情感所困扰。不要去分析这样的情感是如何产生的，而应该努力去维持内心的平和。不必费力无视这种负面感情的存在。因为你所感受到的负面情绪正是你努力生活的最佳佐证。”

压力管理专家卡尔森博士的结论是：“人们担心的问题本身是不会消失的，所以不要为一些琐碎的事情拼上性命。”只要我们不把自己困在一些琐事上，用宽广的胸襟把精力和热情用在更有意义的事情上，身体自然而然就会分泌出抑制老化的荷尔蒙 DHEA。而且如果可以的话，请在初入职场时就培养自己不为琐事困扰的习惯，自然就会懂得先做重要事情而不是紧急事情的道理。

沟通技巧

不非议他人，对非议充耳不闻

许多自我开发的书籍都在极力推荐一项职场技巧，那就是“沟通”。书中不仅强调了沟通和共鸣的重要性，还传授了许多沟通的方法。虽然这些书告诉了我们无数的沟通技巧，但我要在这里重点讲一下职场中必须注意的两个方面:“沉默”与“语言表达的方法”。

在第一份工作中，因为语言训练不到位，人生因此而走上荆棘之路的例子，光我看到的就已经不胜枚举。因此我想与大家分享一下，在职场生活中与人沟通时必须要注意的几点。

第一,持续不断的“沉默练习”。如果要我在“雄辩家”与“沉默的人”两个身份之中选择一个的话，我会选择“沉默的人”。举我前一份工作的上司为例，我一直把他看做是我的职场导师，他在与同事一起吃饭或开会的时候，他说的并不多，更多的是通过提问让对方来说。因为他一直扮演着听众的角色，所以员工都说跟他一起工作心里很踏实。并不是说喜欢说话或把话说得很幽默有什么不好。但是话说多了，泄露别人的话或说错话的概率就会大大提高。因此可能的话，尽可能养成倾听的习惯，以此代替多说话而引起的口舌之争。

如果我告诉你说成功的人生也有公式的话，大家相信吗？著名物理学家爱因斯坦说，假设成功为“A”，那么成功的公式就是“$A=X+Y+Z$”。“X is work. Y is play. Z is keep your mouth shut”，解释为努力工作，好好娱乐，保持沉默就是成功。我想这条公式极为浅显地说明了，“沉默”在我们人生中的重要性。我对爱因斯坦的这条成功公式表示百分之百的赞同，并在此向各位再次强调“沉默”的重要性。

在日常生活中，沉默并不是要你一整天闭紧嘴巴不说话。而是要各位分清楚什么话能说，什么话不能说；什么时候该说，什么时候不该说；还有看准可以信任的对象之后再说。

把上面的内容简化一下，能说的话与不能说的话是指“对话内容”，该说的时间和不该说的时间是指“对话的时机”，选择正确的说话对象则是指“报告次序”。

说到这里大家应该对我所说的“沉默”有一个大概的了解了吧。如果还需要进一步的说明，那么解释为“不以自己为主体，言及他人的对话尽量回避，尤其是在说人闲话的时候更要充耳不闻”应该就差不多了吧。在韩国“下班喝一杯”的沟通文化受众广泛，但是酒桌却恰恰是职场人最应该小心行事的地方。

大家一定听过“没有比上司更下酒的菜”这句玩笑话。很多职场人都有同感，在包括鱿鱼在内的各种下酒菜中，恐怕没有比“上司”这道菜更加美味和方便咀嚼的了。适合与所有种类的酒搭配，并且无限量免费供应，不管你怎么吃都吃不尽的酒菜就是我们的职场上司了。

问题是就怕前一晚酒后说的一句无心的话，不知何时传着传着就传到了上司的耳朵里。当然说人闲话本身就不对，无论是上司也好，同事或者后辈也罢。但是尤其需要你搞好关系的职场上司，你竟然随处抱怨说人闲话，那这必定会成为你职场生活折寿的最大原因，这一点务必要谨记在心。

第二，说话小心，注意分寸。正如最亲近的夫妻之间说话也需要注重礼节一般，在职场上，无论是同事之间或上下级之间对话都需要注重礼仪分寸。尤其要强调的就是话绝对不能乱说。

在职场工作，无论谁难免都会有神经紧张敏感的时候，当你无法控制好自己情绪的时候，可能就会说出危险系数很高的话来。

“这样做事还不如干脆辞职算了！”

“你以为离开这个公司我就没地方去了吗？”

“连公司生活最基本的东西都不知道，你怎么进来的？”

“你写的这也叫报告书啊？”

不管你是否是因为情绪激动不受控制才会说出这样的话，但是在对方听来早已变了味儿。连说话的人自己都觉得这些话不好听，那听的人当然也会这样想。而且还有一点大家要牢记，随口说出去的话总有一天会变成飞镖回到你身上。

我就有过类似的亲身经历。那时我还是大宇电子的次长，某天一个叫J的职员工作态度突然变得很差，对身边人态度非常冷淡。问他发生了什么事也不作答，对待工作越来越怠慢。J的行动超出了我在常识上可以接受的范围，在连续观察了他好几天之后，我实在看不下去了，把他叫到会议室追问原因。

“你到底怎么了？”

“次长，以后请不要叫我做这做那的。我上周已经被P公司挖走了。明天就会向公司递辞职信，我已经决定下个月到那家公司上班了。就这样，我先出去了。”

他仿佛不想再听我说下去一般，猛地起身离开。当时我真觉得荒谬极了，而且非常没面子。

J就这样离开了公司，两年后我们再次见面。当时我在可口可乐韩国公司担任部长职位。公司人事部拜托我去面试他们招来的有经验的员工，一进门却发现J坐在那里。

虽然不知道出于什么原因，但是J在那家公司待了不到一年就辞职了。然后他通过了可口可乐公司的简历初审、人事部面试，进入了最后一轮的面试。虽然自那以后再也没有机会见到J，但每当我回想起当时J慌张的样子都会让我重新体会到沟通的重要性。

第三，注意“忙”这个词的使用。如果留心观察同事之间的对话会发现很多人喜欢把“忙”挂在嘴边。那是因为大家没有弄清楚“忙”的定义是什么，而把忙误认为是认真工作的表现。“忙”在字典上的解释是因为事情很多或较为紧急而没有闲暇时间，是一种主观色彩浓重的表达方式。

举例来讲，假设一直忙于工作的金代理，星期一的早上9:00多正在写一份周报告，10:00左右要交给组长，但金代理在9:50接到一个电话。打来电话的是很长时间没有联系且年事已高的姑妈。

“好久不见啊。最近过得怎么样？忙吗？”

“是的，有点忙。我早上要交周报告。而且下午还要开会……我下次再给您打电话吧。”他很可能这样说完之后就把电话挂掉了。

但如果姑妈接下来是这样对他说的呢？

“其实我现在在仁川机场，今天出国以后可能就不会再回来了。在韩国我只有你一个血亲，你姑父去年去世的时候留下一幢江南的大楼，我想把那幢楼转到你的名下。需要你的身份证和一些资料，你现在能带着这些东西来一趟机场吗？”

“什么？”

金代理要如何解释公司的事情突然变得不忙了呢？那就相当于他承认了江南的那幢大楼远比10分钟后要交的这份报告要重要得多。当然这样的假设不过是出现在电影中的虚构情节而已。但这也是一个因为总把“忙”挂在嘴边，而险些错过一个大好机会的极端例子。

到目前为止，我所见过的真正的职业人士们，尤其是国内外的最高经营者们，他们虽然忙碌但总会保留一些闲暇时间。他们之所以能够登上组织里的最高经营者之列，不是因为他们忙碌地去工作，而是努力且高效地工作。

忙得不可开交也许能给你自己带来一些心理上的安慰，但对于职场上司和顾客只会让他们觉得很有负担感，并造成阻断接触和交流的结果。

在相同的情况下，比起用“最近忙得不可开交”这样的回答完全阻断对方的接近，“最近虽然事情比较多，但也不算太忙。我可以帮到你什么吗？”这样的回答更能帮对方敞开心扉打开话匣。这才是真正的职业人士的沟通技巧。

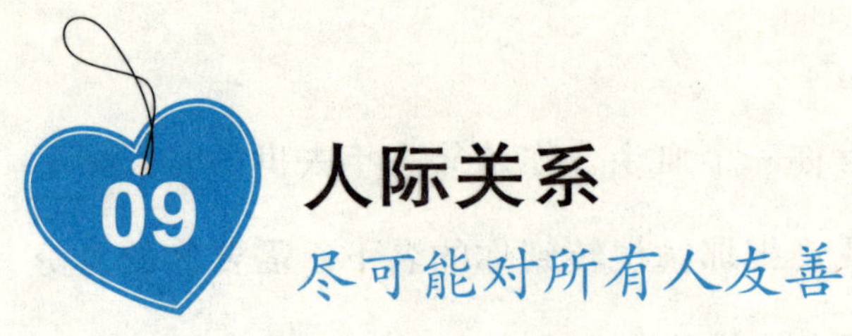

09 人际关系

尽可能对所有人友善

曾经有一次，新人K来找我诉苦。刚工作不久的他因为前辈L科长吃了不少苦头。

"小K，你为什么想知道这些呢？"

每当他向L科长请教工作上的事情时，L科长都话中带刺地把他堵回去。K和L科长在同一个办公室工作了一年多，从未有过关于私生活的交谈，即便是向他询问工作上的事情态度也极为冷淡，吓得K都不敢多问。

但是有一点令K非常惊讶。L科长平时对自己态度冷淡，工作却非常卖力，而且对公司的高层态度好得出奇。后来得知L科长属于很有野心的类型，一贯都是这样的双重态度，对总公司派遣到韩国的领导都是毕恭毕敬的，但对待一起工作的韩国员工却态度冷淡。结论就是他在处理人际关系时以强对弱，以弱待强。也就是说对强悍的人服软，对服软的人强悍。在职场中这样的人十分常见。

我们常听职场前辈们说，想要在职场获得成功“人脉”非常重要。但是如果你将这里的“人脉”理解为与具有社会影响力的人，或对自己的工作有实质性帮助的人维持良好关系的话，奉劝你趁早改正这样的观点。

那些社会地位高的人，权利财力兼备的人，尤其是对自己的升职加薪有决定权的经营者们，只要跟这些人维持良好的人际关系就能够在职场取得成功。从理论上来讲以上论述是正确的。无数关于自我开发的书籍在提到如何成功地管理人脉时，几乎都提到了如何与有能力的人维系良好的关系。

在最近的一项调查中，七成的职场人认为自己的上司拥有与头衔相符的能力，人际关系也被认为是想要在公司内获得权力的基本条件。而且与工作能力相比，他们认为在公司内部获得一定权力会更具影响力。另外，经估算韩国雇用市场对人际关系的依赖程度达到60%左右，可见我们的社会有多么的离不开人际关系。但是这样想的人过不了多久就会明白一个道理，世间的事情并不像他们所想的那样简单。

在我看来，我们一起生活的世界是一个巨大的有机体。如果太过集中于某一个部分，是无法得到我们立身处世需要的所有智慧的。最重要的是意识结构要均衡，处理人际关系也是如此。

我想向各位刚工作不久的职场后辈强调一点，务必要用平等的尊重的态度对待你身边的所有人。不要因为对方拥有权力和金钱，或者对方掌管着你的饭碗就对他们低三下四；也不要因为对方无法对你的工作起到直接的帮助就随意对待。

在目前的职场环境中，最令人遗憾的莫过于向日葵型的人出乎意料的多。因为我实在见过太多像前面提到的L科长这种类型的员工了。对待那些手握他们入职加薪以及晋升大权的人，他们费尽心思恨不得把心肝肺全掏出来给人家；而对自己的工作起不到半点作用的人他们就漠不关心。

就像这个世界教给我们的一样，不要费尽心思去制造人脉。越是那种有影响力的，地位高的，拥有一切的人，你若想跟他们建立人际关系就只会让你的人生疲惫不堪。其实你可以尝试亲切地去对待每一个遇到的人，让他们了解你的包容大度。如果你能够用真心去尊重每一个人，你就会感觉到你所需要的人脉在不知不觉中就已经成形了。

如果想得到一个人的尊重，就必须先去尊重对方。如果你觉得对方学历低，社会地位低，因此对来公司做事的底层员工面露不屑，大呼小叫的话，你在对方眼里也不过是一个傲慢愚蠢的人而已。

在职场生活中遇到的人，如果彼此间只有利益关系的话，真的是一件非常疲惫的事情。我希望各位明白大家积累感情维系关系并不完全是为了得到利益。如果彼此都能够坦诚相待，把对方当成是自己的人生同行者，职场生活也可以变得非常有趣。

“做事坚韧，待人友善

（Be tough to business, be nice to people）。”

这句话是我所任职的上一家公司的亚太区主管作为口号来强调的一句话。做事要足够努力，有热情和推进力才能达到目标，而在工作的过程中遇到的人则要用关怀和友善来对待。

如果我们待人缺少“诚意”，对方立刻就能感觉得到。你待他是真心实意的尊重，还是为了利益而故作亲切，你以为对方不知道，但其实人家什么都知道。因此不论对方身份高低都请用真情实意来对待。

要问那些受人们尊重的人共同的特征是什么，他们对待所有人的态度都是一样的尊重和真诚。我从未见过有哪一家公司的最高经营者会因为与他共事的职员是体力劳动者，或者因为对方是职位很低的实习生就轻视对方随意对待。

从今天起下定决心善待每一个你遇见的人，用微笑向他们打招呼。谁知道呢，也许今天你遇到的无数人当中，就潜藏着给你带来好运的假面天使呢？

| 前辈们的“第一份工作”02| 安正燮（农心家乐氏玉米片部长）

他的第一份工作是在一家流通公司。公司分配的事情做起来并不难，但是觉得自己应该尝试做一些更重要的事情。于是大学毕业之后，凭借自己的澳洲留学经验进入一家外企工作，之后的十余年中一直供职于外企。现在他找到了适合自己的企业文化，过着比任何人都幸福的职场生活。

① 认为自己在职场中做过的最正确的事情是什么？

回顾我的职场经历，我认为自己做得最正确的事情就是重视与同事之间的人际关系，尤其是与上司的关系。工作过程中，上司经常会下达一些不合常理的指示。遇到这种情况我不会当场提出意见，而是将上司指示的内容整理过后，一边报告一边提出意见，这样问题处理起来就会顺利许多。

上司也是人，随着心理状态的不同，他们每次的反应也都会有所不同。过段时间之后再提出意见远好过当场提出异议，这样就不容易产生太大的人际关系问题。当然前提是你得把上司交给你的事情办得妥妥当当的。

我现在依然非常重视与同事及后辈之间的关系。工作中经常会有与其他部门共同处理业务的情况发生，这时你与同事之间的关系就会直接影响工作的成果和业务时间。像我的情况因为上司大多都是外国人，所以换工作的时候都会请猎头对我做专业评价，也许是因为人际关系处理得好给我的评价都相当不错。

② 在第一份工作中，遭遇的最难堪的瞬间和最困难的问题

现在虽然在外企工作，但我的第一份工作是在一家流通企业。员工培训结束之后，我的第一个训练项目是在超市进行的。工作内容是在卖场后面收拾葱、萝卜等蔬菜。一个月之后，我开始觉得自己一个大学毕业生竟然在这里摆弄葱和萝卜，对此感到十分寒心。虽说职业不分贵贱，但是这实在是太不像话了。但现在想起来当时的情境都变成了一种回忆。我很骄傲自己没有因为委屈就辞职不干，而是好好地坚持了下来。

③ 工作一年后最苦恼的问题，以及当时关注的领域

工作一年后我最苦恼的事情是“大学里学到的东西，大部分都无法应用于现实”。之前学到的东西没有用武之地，这让

我很迷茫今后该怎么办。但是这些苦恼在我接到新的工作任务之后，自然而然地就解决了。

为了提高业务熟练度，我不停地向上司和前辈求教，直到他们都烦我为止，而且还读了许多相关的书籍。我经常跟前辈们聊天，而且远远超过与同辈相处的时间，我有时也会听他们诉说自己的苦恼，这都使得我无时无刻不在考虑自己今后的职业生涯。如此一来，自然而然就形成了鲜明的目标意识，并且能够在这样的意识下工作。

④ 对马上就要工作的后辈想说点什么？

即将进入职场的后辈们，他们的外语水平、学历都远超于我刚工作的时候，主观意识也非常鲜明。但是在遇到困难和棘手的情况时，表现得略显感性。

我见过很多人并没有理性地去思考过，只因为“太累了”这个理由就辞职找新的工作。当时感觉辛苦和困难的事情仿佛没有尽头一般，但其实这个尽头一定是存在的，而且这个过程也是你锻炼自己的绝佳机会。职场是无数性格迥异的人聚集在一起形成的集体，因此任何一个职场都会有与你合得来的人，以及与你合不来的人。即便你觉得这个人与自己合不来，但也一定要慎重思考后再做判断。

⑤ 在第一份工作中遭遇的人际关系问题，以及你的解决方案

在职场中最棘手的问题应该就是下属与上司的关系了。对于初入职场的我而言一切都是陌生的，但是他们并没有告诉我生存的方法，而是无条件地往我手里塞酒杯。作为上司和职场的前辈，如果他们能够提点我的前途，亲切地教导我做事方法等我不熟悉的部分自然最好，但是大部分的职场文化都无法做到这一点。

所以我们似乎只能自己多学习，多锻炼自己。当时我的目标就是一定要成为一个优秀的上司，每当回想起这个目标都让我充满力量。但是目前为止，跟上司之间的关系依然是最令我为难的问题。

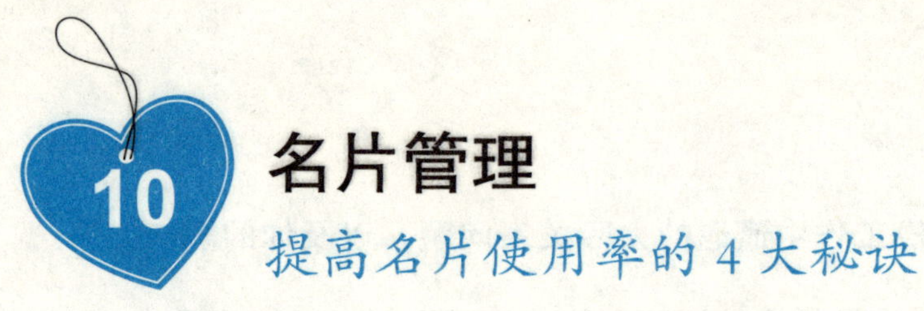

10 名片管理

提高名片使用率的 4 大秘诀

职场生活中流通性最大的东西莫过于名片了。最近很多失业的人都把自己的名片设计得非常独特，然后跟每一个见到的人分享自己的联系方式。在现代人的生活当中，恐怕再没有像名片一样的商业工具，明明每天都在用而它的重要性却完完全全地被人们忽视了。

刚迈入社会的职场新人，如果能够从一开始就意识到名片的重要性，并养成有效管理名片的习惯，那么日后必定会有所作为。根据我长期积累的经验，下面我们讲一下如何有效地管理名片。

第一，名片盒不是选择项而是必需品。大家的工资并不算少，但大部分人拿名片的时候，掏出的都是装信用卡和现金的钱包。尤其是男职员喜欢把钱包放在裤子后面的口袋里，一到拿名片的时候手就往后伸，不仅有失礼仪，拿出来的名片也常常是褶皱或变色的。大家都知道第一印象很重要，但是努力给初次见面的人留下好印象的员工并不那么多见。如果大家能把名片看做是自己的脸面，那肯定是不会把名片塞在那种地方的。

还有拿到对方的名片之后就立即塞进钱包里的习惯也很有问题。当场就把人家的名片和那些乱七八糟的优惠券混杂在一起，看了谁会高兴呢？职位越低的职员使用名片的频率也就越低，因此很多人嫌麻烦都不会去购买名片盒。但是名片盒不仅能提高自身的品位，也会让对方感觉到你对自己的尊敬，因此请务必要准备一个。而且一定要随身携带足够量的名片。因为名片是初次见面中让对方信任自己的一个开端。如果在商业场合不携带名片或在人多的场合没有携带足量的名片，都会让没有拿到名片的人感到不愉快。

第二，用双手接过名片，并且说出对方的名字和职称是最基本的礼仪。很多人收到名片之后都没有仔细看就直接塞进口袋或名片盒里，这样的行为就相当于告诉对方，“我对你一点都不关心”。在收到对方名片之后，最好先称呼并确认对方名片上的名字和称谓，如“啊，您是金部长啊”，然后再继续谈话。

“今天见到你十分荣幸。”

互换名片之后还需要对名片进行管理。用手机短信或邮件表达一下当天见面的喜悦以及对日后交流的期待是非常有必要的。简短的邮件或短信能够让对方记住你是一个非常有心的人。

第三，绝对不可以当着名片主人的面往名片上记东西。虽然这种情况很少见，但是我就见过几个在会议上用拿到的名片记笔记的人。当然他们这样做都是有理由的，例如“没有便笺纸”“已经得到对方许可了”“写的是与对方有关的信息”等等，可是千万不要找这样的理由。初次见面就当着人家的面在人家名片上写东西，这可能会让对方感觉自己遭到了侮辱。因为在对方看来名片就是自己的脸面。

但事后还是需要对名片做详细的记录。包括便于记住对方的特征，见面时提到的重要内容等。下一次见面时，合理运用这些记录的信息就可以给对方留下非常好的印象。

第四，有效地使用名片。如果你留心观察身边的同事就会发现，很多人都把大量的名片堆放在桌子或者抽屉里，等要用到某个人的联系方式时，需要花很长时间去翻找。如果对名片缺乏系统的管理随处丢放的话，需要时翻找所浪费的时间将会与名片量成正比。

购买一个大小适中的名片册，根据名称或职位等进行分类整理。每一个季度清理一次名片册，整理时只留下需要的，剩下的一概丢掉。那些日后绝对不会再有接触或交易可能性极小的人，长时间保留这些名片本身也是对时间的一种浪费。另外，区分需要关注的人和暂时不需要关注的人，也是一种高效管理名片的方法。

如果你的手机是智能手机，还有一个方法可以采用，那就是下载一个名片管理应用软件。这样无需逐一输入对方的联系方式，只需对着名片拍照，手机就会自动将姓名、邮箱、电话等信息进行分类储存，大大节约了时间。名片管理也即将走上智能化的道路了。

另外，仔细观察人们在互换名片时的态度大致可以分类两种：CEO 型和万年代理型。CEO 型的职员从对方手中接过名片之后，首先会想“我可以为这个人提供什么样的帮助？”大部分的高级经营者都有很强的双赢（win-win）意识和关怀心。他们不仅对顾客或职员的需求非常敏感，只要有机会他们都会努力帮助对方。因为他们非常清楚这样的行为总有一天会创造出更高的附加值，并带给自己积极的影响。

相反，万年代理型的员工从对方手中接过名片之后，最先想到的是“我可以从这个人身上得到什么好处？”尤其当对方是从事制造业或流通业的人时，他们只关心如何能以最低的价格买到对方公司销售的产品。万年代理型的员工不仅没有双赢意识和关怀心，而且他们只注重眼前看得到的短期利益。

我在佳沛奇异果韩国公司工作的时候，递出名片之后对方大体上是以下两种反应：

A. “啊，您是佳沛奇异果韩国公司的社长啊。黄金奇异果最近很贵呀，通过您有没有什么方法可以低价购买呀？”

B. “我的家人非常喜欢奇异果。今天还认识了社长您，以后更要经常买来吃咯。”

即使我不说大家也一定能分辨出 A 和 B 两种反应中，哪一种更令人有好感。

从现在起，请各位将名片作为展现自己的媒介和建立庞大人脉体系的工具来使用吧！对名片进行有效的管理，它将为你开启全新的销售、营销和宣传的大门。要记住，名片不仅仅是一张记录人们身份信息的卡片，如果你肯花心思，它能够成为你非常重要的人脉，但如果你不好好利用，它便不过是一张纸而已。

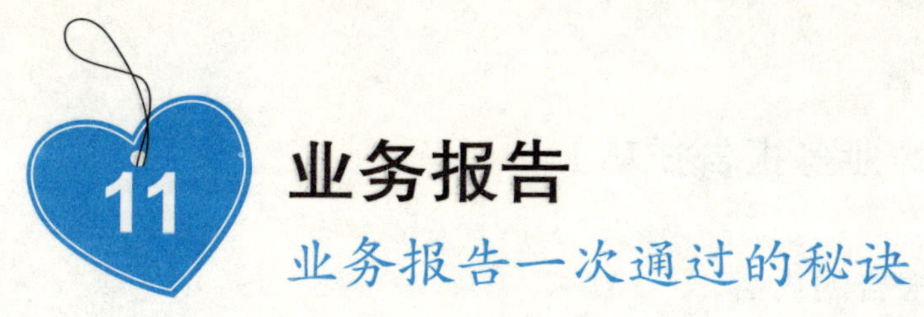

11 业务报告

业务报告一次通过的秘诀

在职场生活中，我们需要有与众不同的业务报告能力。因为业务报告是上司在指派给你某项工作时，对工作进度进行评价的一项重要指标。即使在相同的领域，用相同的时间和方法去完成某项工作，根据你对工作进度和成果的报告，以及报告对象的不同，你得到的评价也会大有不同。在项目开展的过程中，无论你花费了多少时间和精力，如果你不及时报告或错过了报告的时机，你付出的一切都可能重归于零。

同时就算你努力准备并在合适的时间写好了报告，但是如果选错了报告对象，即弄错了报告次序（Report Line），依然会导致失误，而且这样的情况极为常见。因此报告是你们从第一份工作开始就必须培养的工作习惯。下面就报告的内容、时间以及对象做简单的整理和分析。

职场新人的业务报告技巧

① 业务报告的内容

我想大家都明白业务报告的质量比数量要重要得多，在这里就不再反复强调。想要提高业务报告的质量，就要不断练习如何精简报告的内容。无论你的报告形式是口头报告、邮件报告还是演说报告都应该优先陈述最重要和最核心的内容。下面我们来看一下 A 和 B 写的“每月业绩报告”。

▼ A 的业绩报告

3 月份销售业绩有明显的下降，首尔分公司下降了 2%，釜山分公司下降了 9%，忠清分公司提高了 3%，湖南分公司下降了 3%，领南分公司下降了 1%，京畿分公司下降了 2%，江源分公司提高了 1%。按每周销售业绩计算，3 月第 1 周提高了 1%，第 2 周下降了 4%，第 3 周下降了 2%，第四周下降了 4%。3 月份销售情况不佳的原因在于经济不景气，本公司产品与竞争产品相比价格略高，促销活动结果不理想。

▼ B 的业绩报告

● 3 月份销量与去年同期相比下降了 5.6%。

● 销量下降的原因

① 竞争公司推出新产品（产品名称：NEW）

② 釜山分公司销量下降（-9%）

③ 经济发展停滞（与去年同期相比消费者心理指数下降 5 个百分点）

● 其他详细情况请参考附件

#1. 各分公司每周销售业绩分析

#2. 竞争公司新产品分析

#3. 釜山分公司销售下降的原因及对策

A 的业绩报告是以报告人为中心写的，而 B 的业绩报告则是以听取报告的人为中心写的，写得简单明了。B 的业绩报告最核心的内容有两点，即三月份的销售业绩以及业绩提高或下降的原因。对这两点内容进行陈述之后，其他细节上的内容全部以附件形式做了额外的报告。职场上司更喜欢哪一种报告的形式，我想不必再多费口舌去说明了吧。

② 业务报告的对象

无论你的报告写得多么完美，但万一你找错了报告对象，在上司眼里就可能变成“没有常识的员工”，并在很长一段时间里与上司的关系会非常尴尬。在报告次序中最常犯的错误就是把写好的报告先交给比你的直属上司职位更高的上司，或者直接报告给更加有影响力的领导。身为工作小组中的组员把本应该先向组长报告的内容，跳过组长向本部长或公司股东报告，让组长处于尴尬的境地，这样的情况在职场时有发生。

当然一开始难免会有失误，但是这样的情况持续发生的话，就会被看做是没有常识和概念的职员。现实中，跳过直属上司递交报告的行为，在那些急于想要得到肯定的员工身上经常可以看到，但从长远的角度来看，这种行为是非常愚蠢的。在职场生活中，也许会有那么一两次的机会接到由公司高层亲自指派的工作，但即使是这种时候也应该先向直属上司报告情况之后再进行下一步的工作。

③ 业务报告的时间

最后，即便你的报告内容完整，并且报告给了合适的对象，但万一错过了正确的报告时间，那也是有问题的。日常的工作一般写一份报告书就足够了。但是需要几周时间才能完成的项目，则应该分为初步报告、中间报告以及最终报告进行汇报才是最为理想的。

首先是初步报告（initial report），报告的内容应对上司指派任务的概要、目标、步骤、预想结果和结束时间进行简单的阐述。即使上司对此没有特别指示，也应该自觉地对工作内容进行汇报，这一点非常重要，报告内容长度一般以两张A4纸为宜。初步报告能让你准确地掌握上司想要的工作方向，以及他对这项工作的期待值。如果你省略这一步骤直接开始工作，万一事后上司说“我好像不是让你这么做的”，你也无从辩解，无话可说。

其次是中间报告（interim report）。无论是什么类型的工作在开展过程中，难免会遇到一开始没有预想到的困难，可能是需要增加预算，也可能是无法在预计时间内完成。过分执著于初步报告，想尽办法按照原定计划推进工作，日后必定会产生副作用。这种时候就应该通过中间报告向上司说明目前工作的进展情况，同时提出修改工作方向，延长时限或增加预算等问题，请求上司的支援。

最后是最终报告（final report），这也是最理所当然的过程，但是有很多人都把它省略掉了。公司分配给你的工作完成了，却只因为上头没有特别的指示，就将这个过程擅自省略掉是不对的。尤其是当最终成果不尽如人意的时候，有些员工就会悄悄跳过这个报告的环节。其实越是这样就越应该写这个最终报告，而且应该在报告中将为什么最终成果会不尽如人意，不足的部分有哪些，日后打算如何改进等内容通通体现出来。

无论是多么简单和反复性的工作，职场上司对自己指派给下属做的事情进展如何，自始至终都是非常关心的。因此无论是邮件也好，口头报告也好，务必要养成随时向上司报告工作进程和成果的习惯，哪怕是非常简短的报告。

想要自己写的报告内容简洁富有条理，关键是要经常思考上司想通过报告知道些什么。报告时不要总是站在报告者的立场上，而应该站在听取报告者的立场上，向对方传达最核心的内容。

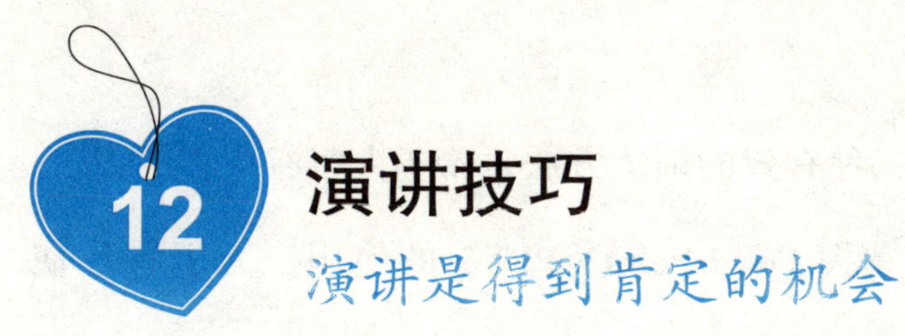

演讲技巧

演讲是得到肯定的机会

如果说报告是以职场上司为对象，随时都在进行的反复性的工作，那么演讲就是以大部分的利害关系者为对象，并带有特定目的的非反复性的工作。演讲一般是以部门或整个公司为单位，针对公司高层或顾客而进行的。因此刚进入公司的新人参与或进行演讲的可能性并不大。

但是由于公司规模和演讲性质的不同，由公司职员或代理级职员负责演讲的情况也不在少数。因此在招聘时公司要求应聘者要有演讲方面的才能也慢慢成为一种趋势，有的公司甚至直接在面试时对此进行考核。

另外，由于组织规模扩大，或由于晋升扩大了你在公司内的职责范围，演讲在职场生活中占据的比重也会越来越大，因此在新人时期就对此保持关心就显得尤为重要。所以希望大家在刚进入职场的时候就要多多练习演讲。

想要成为一个有竞争力的演讲者需要掌握各方面的能力和

技术，下面推荐三种有效的训练方法，希望大家有空多练习。

第一，熟练掌握PowerPoint（PPT）的使用。为了将你演讲的内容更加有效地传达给对方，就需要熟练地掌握PPT等相关软件的使用方法。掌握在每页幻灯片适当加入表格、图片、视频的方法。另外还可以参考其他人的PPT设计，提前准备好与你的演讲内容相符的设计素材以便使用。

但是在这里要注意的是不要在一张幻灯片中放太多的文字或图片。每一张幻灯片的内容都应该让观看者在短时间内有一个直观的理解，过于贪心地放入太多内容反而会分散观众的注意力。而且如果需要加入图片，比起那些网络上随处可见的图片，适当地发挥想象力来自己制作会更好一些。

第二，利用日常生活中与人对话的时间进行一字一句准确发音的训练。如果你的PPT内容很不错，但是你却在大家面前用无法分辨的发音，重复着“那个”“我”“额嗯”之类的口头禅，就算PPT给人留下的印象再好，你的演讲效果也会大打折扣。说不出话来的时候，干脆停下来深呼吸一下，等心情平复之后再演讲也不迟。而且绝对不能眼睛盯着PPT或者演讲稿照本宣科。要不然干脆把演讲稿的内容背下来，然后再看着听众的眼睛去讲，这样对方会更容易集中精神。

第三，适当使用身体语言能够提高听众对演讲内容的关注度。美国社会心理学家艾伯特·梅拉比安（Albert Mehrabian）曾说人在传达信息时，表情占 35%，态度占 20%，即身体语言占到了 55%，而声音又占了 38%，信息本身的内容只有 7% 的比重。因此如果你能够带着明快的表情，采用适合的手势，并用充满自信的声音进行演讲，那么你就有可能被评价为一个有能力的职员。要记住演讲是与听众进行沟通的一种方式。

充满创意的演讲是创造个人演讲风格和打造品牌的绝佳手段，而且也是一种能够将自己的想法准确传达给对方的沟通技巧。因此平时要经常阅读相关的资料，并多训练自己进行系统性的思考。演讲已经越来越多地被企业作为日常的沟通手段来使用，这也要求将来的人才必须具备这项核心技能。在数字化时代内容就是竞争力，因此准确且有效地表达自己想法的能力也变得越来越重要。

在职场生活中演讲是无法避免的，因此我们何不把演讲看做是一种机会，把演讲台作为全方位展现自身形象与能力的机遇秀场。像这样把自己的能力浓缩进 15~30 分钟的时间里并展现出来的机会并不多。所以我们应该珍惜公司给予的每一次演讲机会，用我们想要表达的价值观和未来设想说服所有人。

此外，随着全球化进程的推进，国内企业邀请外国客户或买家来听英语演说的次数愈发频繁。当然我们完全可以邀请专业的翻译人员进行演说，但是让自己的员工为外国客户用英语进行讲解对公司更加有利，即使英语说得并不那么流畅。因此平时多记一些英语演讲时常用的词汇或表达方式，肯定是有机会用到的。下面简单整理了一些英语演讲中常用的表达，希望大家记忆后灵活运用。

英语演讲中常用的表达

● I'd like to thank you for taking your time out of your busy schedule to be with us today（非常感谢您能百忙中抽空参加这次演讲）.

● Please allow me to introduce myself briefly before starting my presentation（在演讲开始之前，请允许我简单地自我介绍一下）.

● My name is SungHo Park. I am in charge of marketing（我叫朴成浩，是市场营销部的负责人）.

● Today, I'm going to explain a new product recently launched in Korea（今天我将向大家介绍近期刚刚在韩国上市的新产品）.

● My presentation is going to take around 30 minutes. If you have any questions, please interrupt me at any time（今天的演讲预计将持续 30 分钟，如果您有什么问题请随时提问）.

● My presentation consists of five parts（我的演讲分为五个部分）.

● To begin with, I'll explain Korean economic situation（首先我想介绍一下韩国近期的经济状况）.

● According to a recently published survey, the average expenditure of Korean households has significantly decreased since last September（最新发布的调查表明，韩国家庭的平均消费水平与9月份相比有大幅提高）.

● As you can see in this bar graph, our sales increased by 30% compared to the same period last year（从这张柱形图可以看出本公司的销量与去年同期相比增长了30%）.

● To make a long story short, organic food has a huge potential market（简单来说有机农产品的市场潜力是非常大的）.

● In conclusion, it is very important to develop new products to increase our market share in Korea（结论是为了提高本公司产品在韩国的市场占有率，新产品的开发是至关重要的）.

● Thank you very much for hearing me out, if you have any questions, I'd be pleased to answer them(最后非常感谢您的倾听，如果有问题我非常愿意为您解答）。

管理老板

当老板还是当员工自己说了算

曾经有哪位老板让你恨之入骨的吗？

看了电影《可恶的老板》（Horrible Bosses）之后不难体会现实中的职场多么可怕，有多少员工正因为老板而遭受巨大的精神压力。电影讲述了三个备受老板迫害，过着地狱般生活的朋友计划杀死彼此的老板，因此引发了一系列的搞笑剧情。

相信这部电影一定能够引起几乎所有职场人的共鸣，而且为什么老板永远只能扮演令人讨厌的角色，这个问题非常需要我们深思一番。众多的人力管理机构都公开表示，“与上司之间的矛盾位居员工辞职原因排行的1~2位”。由此可见，对于职场人而言，与上司之间的矛盾不是随随便便就可以忽略的问题。

在20多年的职场生活中，我见过太多与职场上司有矛盾的人。有的人虽然与上司之间有很多矛盾但还是硬撑着继续工作，而忍受不了与上司糟糕的关系辞职不干的也大有人在。还有的人虽然没有递辞呈但依然备受精神压力的折磨，甚至严重到需要接受医生的帮助，再不然就是正在考虑换工作。这些人都不只是一两个特例的问题，而是普遍存在于现实当中。

那么员工究竟为什么会与上司产生矛盾，还让公司因此失去了许多人才呢？为了寻找答案，我搜集了许多我亲身经历过的事例并进行了分析。

与上司之间产生矛盾的原因数不胜数，但是对各种事例进行仔细的观察和分析之后就会发现，问题的症结在于“Boss Management”，翻译过来就是“管理老板”的意思。这个词听起来很生疏吧。这个词最早是由20世纪80年代哈佛经济学院的经济学家约翰·P·科特（John P. Kotter）和约翰·J·加巴罗（John J. Gabarro）提出的。他们认为“管理老板”就是不应为了个人私欲而配合老板的口味，而是应该为了组织的整体销量和利益积极地影响自己的老板。

大部分的职场人看到这个词都会惊讶地说：“下属怎么能管理上司呢？”“管理是上司对职员做的事情，我一个进公司还没几年的代理凭什么去管理组长呢？”或者干脆对此毫不关心。

但是老板管理（以下简称“BM”）做得好不好都跟你有最直接的关系。一个什么事情都要插手的上司，你能跟他在职场中和平相处吗？不说原因却总是让你重写报告的上司，你能心平气和地对待吗？你有过早就过了下班时间却还要看上司的脸色坐立不安的经历吗？只要稍微回想一番，所有的职场人都会立刻对 BM 产生极大的兴趣。

在内资企业和外资企业工作了那么长时间，我见过许多因为 BM 做得不够好而吃苦的人，也有工作能力很强却因为疏忽了 BM 最终不得不离开公司的人。相反，虽然工作能力并不出众，但就因为积极做好了 BM 而得到晋升机会的人我也见过很多。那么究竟要如何开发和实施 BM 呢？请大家通过下面的“成功 BM 的三大原则”来寻找适合自己的答案吧。

| 成功 BM（老板管理）的三大原则 |

① 老板管理的第一原则：接受多样性

这世界上存在许许多多各式各样的人，日后你在职场中碰到的上司类型也远比你想象的要丰富。你的同事或朋友之所以对他们的上司有那么多不满，最大的原因就是他们不愿意去承认“这世上的无数职场中存在各种不同类型的上司”。

以我自己为例，我从 25 岁开始工作到 46 岁，共事过的上司加起来有 19 位，其中 14 位是韩国人，5 位是外国人。按照性别分 17 位是男性，2 位是女性；按照学历分 2 位是研究生毕业，16 位是大学毕业，1 位是高中毕业。目前为止共事过的上司简单地加以区分就可以按照国籍、性别和学历进行分类。更何况要从他们的真实性格和工作习惯来区分，那根本就是千差万别找不到一个共同点。

这世上所有的领导能受到下属尊敬的日子只有一天，那就是下属上班的第一天。“是组长让我有机会进公司工作，日后我一定会好好辅佐组长”，上班第一天有哪个人没有下过这样的决心？几乎一整天都沉浸在对上司的感激中度过，然后从第二天起就会有一位客人经常光顾你，那就是各种带着“为什么”的疑问。

“组长只有那一件衣服吗？好几天了怎么都只穿那一件衣服？”从类似这样的个人喜好问题开始；“为什么组长说话总是把尾音拉得那么长？”还有这样关于交流方式的疑问；“为什么组长总是让我做事情？”最后到工作方面的疑问。很多人都对自己的上司充满了这样那样的疑问。

这样的现象大约会持续三个月左右，等到对工作熟练了，跟同事也熟悉了，下一步就会加入评价上司的评判团成为他们的一员。“我们组长太强势了”“我们部长太斤斤计较了”“我们主管太吝啬了”“我们理事是个超级多血质”等等，等到下班跟同事小喝一杯的时候，便把各自的上司当下酒菜来咬碎嚼烂一番。

问题是你在心里或嘴上发泄对于上司的不满，总有一天会传到他们耳朵里，或者他们自己会感受到。因为这世上并不存在真正的秘密。由此一直信任你的上司会感到非常伤心，你与上司之间的信任关系也许会瞬间瓦解，你的上司也可能会开始考虑能让你在他身边待到什么时候。

预防是最好的对策。正如前面提到的，如果你能够聪明地处理好进入公司之后产生的各种“为什么”，那么你就能为成功的 BM 打下坚实的基础。

如果上司每天都穿同样的衣服，你就想“我们的组长很朴素嘛”，接受上司的个人喜好。如果上司说话尾音很长或者语气生硬，你就想“我们组长语言表达能力不太好嘛”，接受上司的语言表达方式。如果上司给了你许多工作的话，你就想“我们组长是在给我机会让我做事”，接受上司的工作习惯。如果你不接受上司的个人喜好或工作习惯的话，你是无法期待成功的 BM 的。

② 老板管理的第二原则：关注上司的需求并及时做出反应

几乎所有的职场上司都有组长、部长或者主管的头衔。

他们最最关心的事情就是如何达成公司交给他们的工作目标，这也是他们的共同特征。销售部主管最关心的当然是能否达成这个月或这个季度的销售目标，开发部部长最关心的是能否在规定期限内开发出新产品。而且能否达成目标对他们的人事考核有着直接的影响，他们因此而承受的压力是一般职员无法想象的。

所以领导自然会更加欣赏那些积极参与达成部门目标的下属。想要协助领导达成部门目标不仅要完成自己分内的工作，还要协助同事的工作，把部门的目标放在比个人成绩更重要的位置上。组织的领导信任这样的职员是必然的，而且这些得到领导信任的职员，无论公司进行多么大的结构调整，让他们离开组织的可能性都是非常小的。

另外还有一些上司需要下属做的事情也许并不在你的职责范围内，甚至跟你的工作都没有直接的联系。例如像复印文件或者发送传真这样的琐碎事情，一般都是由该项目的主要负责人来完成的，无论这个人是组长还是组员。但是如果发生了以下这样的情况呢？

假设公司里的一个部门是由1名组长和5名组员组成的。因为大家共用一个办公室，所以无论办公室里发生什么事情彼此都一清二楚。某天早上刚上班，组长就被叫到主管办公室忙碌了起来，好像是接到了新的工作任务。

组长开始到处打电话，在文件柜里翻找文件，用几根手指头卖命打字。突然组长用所有组员都听得见的音量自言自语地说道：“哎呀！我忘记给釜山分公司社长发传真了。我怎么这么健忘呢？等这资料做完马上就去发……”

5 名组员中大概有 4 个人听到组长的最后一句话会这样想：“组长做完那份资料之后自己会去发传真，用不着我操心。”但是剩下的一个人会过去对组长这样说：“组长，您现在那么忙，要不那个传真我帮您发？”这不是在巴结讨好上司，而是遵循 BM 原则时刻关注上司的需求并及时做出反应。

③ 老板管理的第三原则：守住上司的自尊心

当你找到第一份工作时，与你共事的上司年龄一般都在 40~50 岁。对于 20 世纪七八十年代读大学的他们而言，最缺乏的两项工作能力就是英语和电脑操作技能。在他们那个年代电脑还未普及，到国外旅行或学习语言的机会也非常少，所以他们接触英语的机会非常有限。当然不排除有年过五十的职场人还可以熟练地使用电脑并讲着一口流利的英语，但是就一般情况而言，新时代的职场人他们的英语和电脑操作技能要远远领先于旧时代的职场人。

因此你的部长或主管在工作过程中，每天都可能遇到很多不熟悉的英语表达或 Excel 功能问题。这时自然是上司向下属请求帮助，但即便如此你在给予帮助时的态度，既可能守住上司的自尊，也可能伤到上司的自尊。“这个上个星期不是告诉过您吗？”“这么简单的操作都不会吗？”“我现在有点忙，过一会儿再告诉您。”这种形式的回答明显已经伤到对方的自尊。在向业务知识和技术都比你丰富得多且职位也比你高的上司传达某些信息时，任何时候都应该保持谦逊的姿态和亲切的态度，只有这样才能实现高效的 BM。

职场上司不是无奈的选择而是用处多多的条件。关键要看你如何对待，根据你的表现上司既可能成为你前程的巨大障碍，也可能给予你很大的帮助。而且一定要记住上司不是万能的。作为组织的领导者，工作带给他们的负担和苦恼是普通员工所无法想象的。如果你想成为一个真正擅长 BM 的下属，那就不要一味地依赖上司，而是应该自己思考并行动。关心上司帮他分担苦恼并不是对上司的巴结和讨好。当上司给你压力的时候，不要退开一步抱怨他的行动，而是应该走近一步与他一起讨论解决方案。

14 EW型人才

不要埋头苦干，要高效

你是像蚂蚁一样工作的人，还是像纺织娘一样工作的人呢？

伊索童话中“蚂蚁和纺织娘”的故事大家一定非常熟悉。夏天蚂蚁在辛勤劳动准备越冬的食物时，纺织娘却待在阴凉处唱歌，等到冬天来临的时候纺织娘不得不向蚂蚁乞讨食物，这个故事告诉我们为人要诚实勤劳。但是在古巴这个故事的结局却有点不同。

蚂蚁：（对乞讨的纺织娘说）我们辛苦干活的时候，你在做什么？

纺织娘：努力唱歌让大家快乐！

蚂蚁听到这样的回答点了点头，反省了自己只知道埋头苦干，并且乖乖地交出了食物。像蚂蚁一样埋头苦干不一定就是好的，同样像纺织娘一样只知道唱歌也不能说它们就是在偷懒。

现如今你做了多长时间，做事多么诚实并不那么重要了。相比之下，你的工作效率反而显得更加重要。

在职场中的所有劳动者，他们的工作形态大体可以分为两类：分别是努力工作的 HW 型（Hard Worker）和高效工作的 EW 型（Effective Worker）。如果你想知道你更接近 HW 型，还是接近 EW 型，参照下面的表格选出你认为与你的工作风格相近的选项，哪一边更多你就属于哪一种类型。

| 你在“努力地”工作，还是在“高效地”工作？ |

	分类	HW (Hard Worker)	EW (Effective Worker)
①	工作方式	□ 重视工作的数量	□ 重视工作的质量
②	团队合作	□ 大部分的工作都是独立完成的	□ 与其他员工一起合作完成工作
③	工作时间	□ 夜班是最基本的，周末加班也是常事	□ 尽可能平日里工作，周末休息
④	目标意识	□ 我的业绩优先	□ 达成组织的目标优先
⑤	工作顺序	□ 碰到什么做什么	□ 始终以成果为指向

跟那么多人共事过我发现了一个很有趣的现象，很多人都自认为是 EW 型的，但弄清楚之后才发现自己原来是 HW 型的。

这类人最大的共同点就是重视工作的数量而不关心质量，下班总比别人走得晚，夜班加起来跟家常便饭似的。同时他们非常希望得到组织的认可，干活也很卖力，想尽一切办法让大家觉得自己是组织里不可缺少的一员。因此他们不管是工作日还是周末，都会不时地向你发送工作邮件，也不管内容是否真的很紧急。

HW 型的员工总是把个人成绩看得比组织目标更为重要，因此很忌讳将必要的工作信息与其他员工共享。而且他们还有无视组织秩序的倾向，如果是他们自认为重要的信息即使已经被直属上司驳回，还是会无视报告顺序直接向组织里更有权力的经营者汇报。这些不顾一切努力工作，牺牲自己的休息时间加班加点埋头苦干的员工，他们经常无法得到晋升，长期性地滞留在某个组织中，这类员工很大一部分都属于 HW 型。

以盈利为目的的组织，如果成员数在两人以上时，必定存在 HW 型的员工。但是初入职场的新人普遍缺乏分辨努力工作和高效工作的能力，很容易会模仿 HW 型员工的工作方式，一直照这种方式工作下去的话，彻底沦为 HW 型员工就不过是时间问题而已了。

因此如果能遇上那种重视工作的质量而非数量，把组织目标排在个人成绩前，擅长与其他部门员工沟通提高工作效率的EW型前辈或上司，那你可算得上是幸运儿中的幸运儿了。

HW型多的组织气氛总是阴沉沉的，相反EW型多的组织永远是充满活力的。HW型们总是以自我为中心进行工作，所以成员彼此间很少有交集；相反EW型重视组织的目标而非个人成果，成员们经常一起工作，彼此间的沟通也没有隔阂。HW型总是在毫无头绪地处理一些并不那么重要的工作，所以经常是追着时间跑，所以他们的分辨能力和现实感跟EW型比明显要差。因此组织里HW型的人数越多，在竞争中被打压的可能性就越大。

因此问题的关键在于要能分辨出组织中HW型员工的存在。但是非常讽刺的是我们明知道HW型的存在对组织并没有多大帮助，但看到那些经常加夜班的员工还是会觉得“他们是在为了公司而奋斗”。我们称那些痴迷于工作的人是“工作狂”。我们都知道工作狂通常是指那些把工作放在第一位，为了达到自己的目标而放弃除工作外一切的人。

大部分人都觉得努力工作就是工作做得好，所以给予HW型工作狂们高度的评价。当然我们不否认努力工作的人是做得不错，但是工作做得好跟工作中毒还是有很大区别的。

HW型最大的问题就是工作看似做了很多，但达不到预期的效果。如果他们无论如何努力工作都得不到公司的肯定，接下来就要开始埋怨公司“我那么努力工作，公司就是这么对待我的吗？”

如果你的工作方式是属于HW型的，请立刻放下手头的工作，好好反思一下自己。你必须明白工作努力却没有成果的员工，没有哪个公司会愿意收留这样的人的。如果你的工作方式有问题，那就要承认并寻找解决方法。

到目前为止，如果你一直认为工作是“理应要做的事情”，那么从现在就要把想法改变为工作是“喜欢做的事情”。想要改变工作的结果，那就要改变一直以来的工作过程。不要满足于长时间的工作，而应该把精力放在高产能的工作上。不仅是公司的事情，连你的私人生活也有必要简化一下。另外，如果身边有EW型的同事或上司要多多向他们学习。

在职场中是成为EW型，还是成为HW型，其实完全是由个人的想法决定的。因此在新人时期就要下定决心，无论什么类型的工作都要高效率地去完成。

在第一份工作时就要对投资收益率ROI（Return on Investment）的概念有一个透彻的理解。也就是说不要执著于工作本身，而是应该努力让自己投资的时间和精力获得最大程度的回报。

| 前辈们的“第一份工作”03| 文京申（韩亚银行支行行长）

刚开始工作的时候他并没有打算把一生奉献给银行业，但转眼间已经在金融业摸爬滚打了20多年。他曾7次获得最佳PB奖（PB是金融术语，指平均市净率——译者注），作为一名优秀的PB不仅帮顾客积累了财富，他对自己的资金也是管理有方，入行14年资产已过5千万。他表示自己之所以有今天的成就，绝不是因为追逐眼前的利益，而是用长远的眼光诚实地对待生活。

① 认为自己在职场中做过的最正确的事情是什么？

人们通常会认为从事金融业或PB出身的人都很擅长理财，其实并不完全如此。我相对较早地意识到理财的重要性，才能拥有经济方面的眼光。工资是一项很神奇的收入，无论你拿得多还是拿得少总感觉不够用。尤其是职场新人因为年薪不高，所以大部分人都忽视理财的重要性，想着“等年薪涨了再去做理财”。不久前有一位客户来找我咨询养老资金的问题，令人遗憾的是他职场打拼了30年，却一直背着贷款和利息生活，结果他这30年里竟然没有一分钱的存款。每当碰到这种类型的咨询者，都会让我深刻体会到年轻时候的资金管理是多么的重要。理财技巧不是一朝一夕能够学会的，最好是平时多关注理财资讯，并尝试着自己去做一些简单的理财。

② 在第一份工作中，遭遇的最难堪的瞬间和最困难的问题

虽然银行是我的第一份工作，但其实我起初并没有打算在金融圈里打拼。本想着先干一段时间，再找找看其他工作。但是开始工作之后却发现这份工作实在是太适合我了。从那以后我便在金融界摸爬滚打了20年。我认为像我这种情况属于运气非常好的，因为找到的第一份工作就是合适自己的。

很多人在选择工作时都有很多苦恼，这时从以下三个方面进行考虑会有所帮助。第一自己要觉得有趣，第二要对自己的人生有意义，第三自己能够做得非常出色。在选择第一份工作或换新工作的时候，仔细考虑这三个问题就一定能找到称心如意的工作。

③ 工作一年后最苦恼的问题，以及当时关注的领域

大部分职场人认为努力工作就会出成绩，出了成绩就心满意足了。但我认为成绩固然重要，但名声也很重要。这里的名声不是指你的上司有多么看好你。而是你与其他人的相处是否

融洽。身在职场，你觉得死都不会再相见的人总有见到的时候。因此努力与所有人维系友好的关系是非常有必要的。

另外，最近的职场新人很多都不知道工作的基本态度是什么。职场不是学校，学校是你交钱去上课的，公司是你拿钱来上班的。所以职场难熬是自然的。如果你想职场有趣又开心的话，那就得反过来你交钱给公司。希望各位无论什么事情都要用“学习的态度”去对待。职场新人最强有力的武器就是“态度”。

④ 在第一份工作中遭遇的人际关系问题，以及你的解决方案

职场里有许多各种各样的人，而且严格按职位办事，即使你比人家学历高，年龄大，有时也不见得就是前辈。即便是因为考研或出国学语言而推迟工作的人到了公司也还是职场新人。像我以前在公司升职要比别人快一些，所以曾经就有年纪比我大的人成了我的下属。如果光考虑职位，跟他们相处会非常尴尬和别扭。

当时我采取的解决方法就是更加人性化地对待他们。虽然我的职位比他们高，但是在非正式场合我们可以称兄道弟，更加亲密地相处。日后工作的时候彼此合作也会更加紧密，而且到现在我们的关系还非常好。你可以事先告诉自己，在职场中会遇到各种各样的人，要努力尝试着去理解对方，这样的态度非常重要。

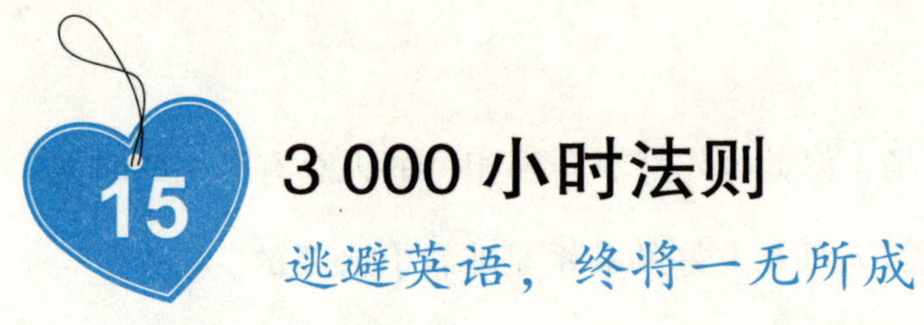

15 3 000小时法则

逃避英语，终将一无所成

对于现代职场人而言，无论如何都是逃不开英语的围剿的，英语已经成为职场人必须征服的关键敌人。随着越来越多的企业谋求国际化发展，商业英语会话能力已成为人才的必备条件，因此英语在职场人之间变得越来越重要。虽然最近职场人最热捧的自我开发课程就是英语会话，但是真正熟练掌握商业英语会话的职场人却还很少见。而且还有很多职场人把英语看做是社会生活的一大障碍，没有托福成绩的职场人依然占到很大的比重。

那么刚刚进入职场的你，需要为学习英语付出哪些努力呢？

无论你是准备杀入职场的预备职场人，还是刚刚开始工作的职场新人，或者是已经工作十年的公司中坚干部；无论你的职位高低，职场经历长短，你的面前只有两条路可以走。

一条是你到死都避开英语，一条是彻底征服英语。看起来好像前面一条路走起来会比较轻松，但其实在职场中可以绕开英语走的路并不多。不是说无法逃避就坐下享受吗？如果你在职场生活中吃过不会英语的亏，那么立刻向英语发起挑战吧。被称为“动机赋予达人”的思想家吉米·罗恩（Jim Rohn）通过研究得出结论：“能够驾驭外语的人的平均所得比无法驾驭的人要高出两倍。”

征服英语当然不是易事。没有去过国外留学，也没有到英语国家学习语言的经验，作为纯种的韩国国民（以下称为“土种”）想要征服英语确实不是一件容易的事情。像我活了三十多年，几乎跟英语是隔了一道墙在过日子。以我的家庭条件，留学或者语言学习根本是做梦不敢想的事情。然而三十多岁进入一家外资企业，却要开始昼耕夜读地挑战英语。当我靠着我那磕磕巴巴的英语去面试时，虽然有过面试中断的情况但依然好运地合格了。但录用之后我的幸福就结束了，而痛苦才刚刚开始。

问题从上班的第一天就开始显现出来。我翻看了两三个小时的资料起身要去洗手间，正要进门的瞬间与当时的澳洲老板John撞个正着。他对我说了一句简短的英语，但是我完全不知道是什么意思。只感觉是一句简单的问候，但我相信绝对不是我当时知道的那几句“Hi”“Good mornig”“How are you?”之类的。

下午再次在洗手间相遇的时候他又对我说了些什么。“科英（他在叫我名字的缩写 KN，但是我听起来好像是 KIA 什么的），哈无 塞拉 油窝 勾英？”当然这次我还是一个字都没听懂。我答不上来就只能对 John 笑笑。

下班的时候又去了一次洗手间，这次碰到了马来西亚的财务董事。他看到我之后对我说，“度勒度勒 油窝 塞拉 吉列特 度度勒 塞拉”，这次我听出了“your”和“Gillette”两个单词，但还是不明白意思。而且我还以为对方讲的是马来语，硬是装出一副镇定的样子。后来才知道人家的英语讲得非常流利。

第二天早上跟 John 在电梯里见面，他对我说“How are you?”这句话中学的时候就学过了嘛。我立刻回答他“Fine. Thank you. And you?”而且我非常感激他能这样问候我。午饭过后我在洗手间刷完牙出来，碰到正要进门的 John 他说了一句“瓦子牛”并等待我的回答。我匆匆地回了一句“OK”就从夺门而逃。后来才知道他问的是“What's new?”，也就是最近过得怎么样的意思。而我竟然回了人家一句“OK”，真是鸡同鸭讲。

John 每天在洗手间里讲的问候语都不同。“How are you doing?” “ What's up?” “How's your business these days?” “I haven't seen you around." "You look pretty good today." "How was your weekend?" 问法多种多样，而我仅凭一句 "Fine. Thank you." 来应对显然是不够的。

大约过了一个月，当我进入洗手间时我感觉到了身体脱离本人意志的反应，心脏加速以及瞬间的晕眩。差劲的英语水平让我在不知不觉间开始逃避与外国人的对话，而且在进入这个偶遇几率较高的场所时，出现了类似忧郁症的症状。

现在我的洗手间恐惧症当然是已经彻底治好了，但偶尔想起那个时候都会重新感觉到英语的重要性。因此对即将踏入职场或刚刚进入职场忙得不可开交的后辈们，我想说千万不要逃避英语，一定要征服它。

不要摆出现在的工作不需要英语，很早之前就放弃了英语，或者尝试过很多次都失败了等等的借口与英语划清界限。你这样做相当于自己放弃了成为国际化时代主人公的可能性。大部分职场人都暗地里想日后用到英语的地方肯定不多。万一拼死拼活考出来的托福分数，等真正工作之后又完全用不上了，于是就想"早知如此考托福做什么？"但奉劝大家还是不要这样想为好，不要总觉得明天不会立马就用到英语。

如果你有一点点想要征服英语，那么就从现在开始吧。在国际化时代加速逼近的今天，英语不再是大家的选择项，而是必选项。因为英语是可以将你的舞台从韩国拓展到整个世界的重要工具。不仅如此，你还可以通过英语提高收入，创造新的商业机会。

我学习英语的时候选择了一般人不会走的窄路。在选择那条路之后的几年，对于我而言是非常痛苦且充满挑战的。现在英语之于我依然是现在进行时，依然有许多不足的地方。但就因为我选择了这条路，我才有机会在Gillette和柯达这样的大公司学习经营，有机会进入跨国企业的高层。最终成为亚洲地区第一个被派遣至新西兰总公司（ZESPRI International Limited）工作的人，并且获得与家人一起移居新西兰的机会。假如我在职场生活中一直逃避英语，沉迷于电视剧或者棒球比赛，下班之后忙着到处喝酒，这样的机会绝对不会降临到我身上。

这时大家一定会好奇，上班本来就很辛苦，怎么才能学好英语呢？我在过去的几年中一直不停地在研究，如何能够让一个土种不依靠留学或者语言学习就能征服英语呢。结果我开发出了“3 000小时理论”和“纯土种英语学习法”。在过去的20年间，这两种方法经历了无数实验和研究并被证明是有效的。下面跟大家分享一下里面的基础内容。

| 纯土种英语学习法的三个阶段 |

STEP1 入门阶段

学习目标

可以用英语向外国人介绍我和我的家庭，能够以兴趣或天气等作为素材进行简短的英语对话。

学习方法

● 购买中学的英语课本，或者水平相当的英语教材。跟纯英文的教材相比，对词语、俗语以及课文都有详细解释的教材更加合适。把教材里所有的英语文章一句不拉地反复读，反反复复地读。大声朗读效果更佳。把教材里的文章英文的译成韩文，韩文的译成英文，反复书写进行练习。直到你看到第一个单词就能够把课文内容流利地讲出七成就可以开始下一本书的学习。水平相近的教材最少要保证三本以上的学习量。

● 每天早上收听 EBS 广播 7:20 分播出的 20 分钟英语节目《Easy English》（由于电视台不同节目也会有所不同，选择类似的英语节目收听即可）。这个节目由韩国讲师和外国讲师共同主持，他们教授英语日常基础表达的方式非常有趣，适合给完全初步的人做入门之用。条件允许的话最好将节目录音，午饭后听一次，下班路上再听一次，等到周末把一周内学习的内容全部重听一次，进行复习。

● 每天必须背诵 10 个单词或者日常用语。可以购买考试专用的初级者或初高中生词汇，随身携带有空就拿出来背一背。

● 在英语教育节目中选择一两个便于学习的英语对话节目进行录像。事先做好录像之后，下班之后一定要反复地看。周末把一周的分量全部重看一边，让复习的效果加倍。

STEP2 成长阶段

学习目标

能够与外国人进行多个主题的对话，达到可以用英语准确地将本人的感情和意志传达给对方的水平。

学习方法

● 购买高中的英语课本，或者水平相当的英语教材。推荐与讨论有关的教材以及韩英对译的课本。从这个阶段开始，所有的教材都应选择有与教材内容配套的磁材 CD 或者 MP3 文件的。因为需要同时加强听力和阅读的训练。

● 达到熟记《Vocabulary 22 000》所有词汇的水平，常用表达的掌握量也要达到500~700个。另外准备一个单词本把记不住的单词、俗语和常用表达全部记录下来，有空就拿出来背一背。而且从这个阶段开始不要单独背单词和俗语，一定要放在句子中整句进行记忆。比方说“arduous”这个单词带有“very hard or very difficult（非常困难）”的意思，但是不要以“arduous=非常困难”的方式进行记忆。“This is an arduous task for me（这个工作对于我而言很难）”，应该像这样用单词造一个句子，然后把整句话记下来。

● 每天早上7点收听EBS电台播出的“开口说英语”和“Power English”两档节目。尤其是“开口说英语”每周会邀请外国人针对不同的主题进行对话，对话中提到的单词、俗语、常用表达、俚语、发音等都会有详细的分析和说明。这档节目的DJ李贤硕和Jennifer Clyde被称为韩国目前最棒的英语讲师，两位DJ才华横溢幽默风趣绝不会让你感觉学习过程十分枯燥。另外，节目中有很多表达如果听过一次就忘掉的话实在可惜，所以一定要把节目录下来每天重复听2~3次。

● 反复收看阿里郎TV新闻。阿里郎官网提供英语新闻的原版台本，第一次听的时候不要看台本，等大体掌握新闻内容之后再进行集中视听。第二次听的时候对照台本，跟着主持人的发音进行朗读训练。最后脱离台本，再重新回顾一下新闻的内容。

● 从第二阶段开始就要慢慢接触英文报纸。《韩国时报》（The Korea Times）和《韩国前锋报》（The Korea Herald）每天提供的新闻量相当于一整本书，而且还附带练习册。如果觉得英文报纸太有负担，可以先从英文报纸的附页开始学习。附页中包含有丰富的解析、语法、词汇和托福材料，搜集一个月的附页就相当于一本普通的英语教材。把这些附页放在口袋里或夹在手册里随身携带，养成利用零碎时间学习的习惯。英语报纸中读起来最轻松的就要数专栏了，尤其是《韩国时报》的“Dear Abby”和《韩国前锋报》的“Dear Annie”。坚持阅读这些专栏不仅可以学到各式各样的英语表达，还能够对美国人的生活方式、思维方式以及价值观有所了解。

STEP3 成熟阶段

学习目标

强化英语阅读与听力能力，运用更高水平的英语表达，尤其是要达到能够与外国人共事的水平。

学习方法

● 由于STEP3是一个飞跃性的阶段，因此应该坚持训练自己阅读多样化的教材和英语原著。在正式开始第三阶段学习之前，最好可以把STEP2中学习过的教材全部复习一遍。成长阶段录好的那些节目也干脆直接找一天，从头到尾全听一边，也跟着再练习一遍。推荐阅读一些你认为比较难懂的教材以及各领域相关的教材，比如涉及报告、常用表达、俗语、邮件、商务书信、采访、外国人公司、英语面试等等领域的教材。

● 通过类似《Vocabulary 33 000》的教材将自己的词汇量扩展到最大限度。在熟悉新的词汇或俗语时，推荐使用英英词典代替英韩词典。坚持不断学习惯用语词典或惯用表达教材中出现的各种表达方式。

● 抽出更多的时间来看CNN、BBC、AFN、阿里郎TV等英语节目，而且像前面提到的一样不要只看一次，应该录像之后反复学习。如果觉得英语节目看起来太困难了，那就到英语补习班学2~3个月的听力课程（CNN、AFN等），掌握收看英语节目的要领。另外定期阅读专门的英语节目刊物，制造机会让自己熟悉英语节目也是不错的方法。

● 多和母语是英语的人进行交流，在训练读写和听力的同时多花点时间在训练口语上。所以人们强调 Speaking Practice（口语训练）有三个阶段都是有原因的。当阅读和听力的训练还不到位的时候，如果在口语练习上花费过多的时间其实只能带来一些心理上的安慰而已，对系统性的英语学习几乎起不到任何帮助。

如果我们的大脑里没有储备丰富的词汇和表达方式，想要讲一口流利的英语几乎是不可能的。如果是正常情况下结交到的外国朋友，或者有机会教外国人韩语的话，相对而言可以在短时间内获得较好的学习效果。但是如果没有机会经常接触外国人，最好可以报一个补习班请求外教的帮助。近来居住在韩国的外国讲师越来越多，你只要展现出对他们的诚意和关怀就可以得到无限量的口语练习机会，而且是免费的哦。

● 用英语节目代替韩语节目，用英语报纸代替韩语刊物，把更多的时间分配给英语学习。阅读英语报纸时不要停留在简单的专栏上，而应该将时间均衡地分配在时事、政治、经济报道上，用英语获得更多的讯息。另外在第三阶段比起英韩对照的文稿，应该更多地阅读英语原著。下面推荐一些英语原著给大家。

自我开发类——《The Seven Habits of Highly Effective People》Stephen R. Covey.，《What Matters Most》Hyrum W.

Smith，《Rich Dad Poor Dad》Robert T. Kiyosaki，《How to Become a Rainmaker》Jeffrey J. Fox，《Become a better you》Joel Osteen，《How to simplify your life》Tiki Justenmacher，《Don't sweat the small stuff》Richard Carlson

自传类——《Straight From The Gut》Jack Welch，《My way》Bill Clinton，《My American Journey》Colin Powell

即使是内容相同的书，阅读英语原著所需要的时间是韩文译本的两到三倍。因此当你拿到一本英语原著的时候，就要做好至少读三遍的觉悟。

读第一遍的时候只需掌握文章的大体内容，碰到不懂的词汇用铅笔标记一下跳过就可以了。如果不这样的话一本书读好几个月都读不完。读第二遍的时候，将标记过的词汇用英英词典或英韩词典查出来，然后对照韩文译本一句一句地进行阅读。

像这样读完一本书之后虽然心里会很有满足感，但是你已经连看到封面都觉得恶心了。不过千万不要立刻去读下一本书，而是应该重新再读一遍，完全熟悉和掌握书中的各种表达方式。在这里要强调的就是复习的重要性。

如果你问究竟要在英语学习上花费多少时间才算够？这里我们就要引入“3 000小时法则”的概念了。所谓“3 000

小时法则”就是指人在学习某一种语言时，第一阶段就是要将人的大脑通过听觉连续累露在特定的语言中，时间需要累积达到3 000小时。

婴儿在出生之后直到两岁，平均每天有4个小时的时间反复暴露在母语环境中。婴儿两岁时基本就可以听懂母语，并能够运用约300个词汇的组合表达自己的想法。一天4小时 ×365天 ×2年等于2 920小时，即人类能够使用某一种语言作为交流工具并表达自身想法，最少需要3 000小时的时间。这也是能够证明这条法则的最明显的例子。

在通过3 000小时的学习完成第一阶段之后，达到除学术用语和专业词汇之外，能够流畅地进行日常交流的水平大约需要9 000小时。但是我们真实的英语教育情况是怎样的呢？韩国教育人力资源部的调查资料显示韩国小初高英语授课时间加起来只有842小时。跟3 000小时相比整整少了2 518个小时。

那么让职场人进行3 000小时的英语学习意味着什么呢？意味着你需要有巨大的意志力和不懈的努力，需要利用工作外的时间进行学习。但是职场人在工作之外的空闲时间，需要处理的事情却不止一两件那么简单。假设你是一个早起的人，每天都抽出一个小时的时间去上英语辅导班，那么1小时 ×365天就是365小时，离3 000小时还差2 635小时。这样算起来要一天不落得上整整 8 年的补习班，才能完成第二语言学习的第一个阶段。

我在学习英语的初级阶段所用的 3 000 小时全都来自于零碎的时间。某天偶然看到一则报道上说，职场人每天都会有 3~4 小时的零碎时间。于是我开始发掘自己日常生活中的零碎时间，并把相当大的一部分用在了英语学习上。上下班的 90 分钟，午休之后的 20 分钟，等客户的 10 分钟，上大号的 5 分钟，睡觉前的 1 分钟，把这些零碎时间最大限度地利用起来。再加上周末拿出 10 个小时的时间泡在英语里，才得以在最短的时间内完成了 3 000 小时的指标。

在这里我向各位有心征服英语，尤其是打算投身 3 000 小时法则的人，提供一个非常有效的英语学习方法。

征服外语的 3 000 小时记录表

● 用 Execl 制作一个 3 000 格的表格（推荐 60 行 ×50 列）；

● 表格的左上方标注 3 000 小时项目的开始时间，竖排标上 1~60 的编号（这里的数字 1 就代表 1 个小时）；

● 调整大小之后将表格打印在一张纸上（标题可以随个人喜好定为“3 000 hours”，“实现梦想的 3 000 小时”或者“征服英语的 3 000 小时”）；

● 将表格压膜或直接贴在显眼的位置（可以贴在卧室的门上或书桌前）；

● 每天上班之前都要看着表格然后大喊：“今天必须要填满三格以上！”鼓舞斗志；

● 睡觉前计算一下当天的学习时间并填好表格（上下班 90 分钟听力练习，早上工作前读 1 个小时英语报纸，下班后看 1 个小时阿里郎 TV，利用 30 分钟零碎时间背诵单词，一共可以填四个格。第二天也可以用其他颜色的笔来填格子）；

● 要坚持不懈地努力，直到填满 3 000 个格子在右下端写上结束日期为止。

| 学习外语的一等功臣——3 000 小时记录表 |

	1	2	3	4	5	6	7	8	…	…	…	…	48	49	50
1															
2															
3															
4															
5															
6															
7															
8															
…															
…															
…															
…															
…															
58															
59															
60															

16 着装

成功人士用着装说话

L君进入面试房间时给我的第一印象非常不错。当时我负责的工作由于工作领域扩张所以需要增加一名人手，我第一次看到他的简历时，他的履历堪称完美。

他毕业于美国的大学，在许多国内各领域的大企业实习过，而且英语面试的成绩也很不错，最终我们决定聘用L。但是仅凭一份简历和一次面试就将他录用为正式员工让我有些不太放心，所以决定先作为合同工实习六个月，完成实习后再转正。

上班第一天他迟到了。一周后我在他提交的英语报告中发现了两三个语法错误和三四个不适合用在商业英语中的表达。不过这些都是稍作教导就可以解决的小问题，更关键性的问题还在后面。

几个月后我们在地方的一家酒店举办了一场产业说明会，活动的最后一天出席晚宴发生了一件令所有人震惊的事情。在与数十位客户共进晚餐的场合，L竟然穿着短裤和拖鞋出现了。

虽然这是正式活动结束之后举办的晚宴，但是他的着装在整个就餐过程中都成了客户们的下酒菜。对于留学归来的L而言，在非正式场合穿短裤和拖鞋是再正常不过的事情，但是对于韩国职员和韩国客户而言就是没有常识的行为。

令人遗憾的是他在进入公司刚满三个月的时候，公司包括我在内的所有干部都已经在想“什么时候让L走人？”在实习期满之际，L巴不得早一天成为正式员工，而我们却盼着他走，名副其实的同床异梦啊。因此在他入社刚好半年的时候就顶着合约期满的美名被解雇了。

“新人面试”的时候最合适的服装应该就是正装了。如果简历筛选通过的话，公司方面一般都会通知你面试的时间和地点。即便通知内容中没有提及服装要求，大部分人都会自觉地以西装领带或商务正装的打扮出现在面试地点。那么大家是否想过，为什么大家要放着舒服的休闲装不穿，而要穿着别扭的正装去面试呢？

答案很明显，是为了给面试官一个好的印象。所以面试时才会把衬衫纽扣扣到顶，打好领带，裤子熨出边缝，皮鞋擦得铮亮。接到公司的录用通知到公司上班的第一天也是如此，即便没有人告诉要怎么穿，一般人都会是一身洒脱的正装打扮出现在办公室。

人们在刚进公司的时候，为了给别人留下好的印象会在穿着上费尽心机。但一旦融入组织就立刻对穿着失去兴趣，还一副自己什么时候那样做过的样子。再发展下去会由于过分不注意自己的穿着打扮，时常落为他人的谈资。有的男职员穿着牛仔裤短袖和T恤就来上班，也有的女职员干脆穿着时尚的超级迷你裙来上班。

因此着装标准（Dress Code），即公司内部的着装规范应运而生。但问题是每家公司的着装标准多少都带有主观色彩，而且公司职员对规定都有各自的理解。比如“端正的着装”“不会引起他人不悦的着装”“过长或过短的裙子”“不要太华丽的颜色”这样的条款，由于没有明确的界定标准，所以每个人的判断标准都不尽相同。

因此从新人时期开始就要关注着装标准，培养自己的着装感觉。如果因为其他人无视着装标准，其他人都穿着自己喜欢的衣服，你也跟着追逐潮流无视标准的存在，那么日后他们的职业生涯因此而停滞不前的时候，你也会跟他们一样停留在原地。

我曾经看过一篇报道说，一般员工的着装标准和上司的着装标准是不同的。有一家公司为了缓和员工清一色都穿正装的气氛，于是规定了一个星期的“休闲装周”。但是当女职员穿着印花连衣裙来上班的时候，上司却指责道，“你是来赏花的吗？”见到穿亮色正装来上班的男职员则问道，“你是服务生吗？”正如这个例子里提到的，即便是休闲装也应该贴上“自律”的标签，职场的着装标准应该是略带保守的。

另外，即便是在公司的非正式活动或为顾客举办的派对等气氛相对放松的场合，身为公司的职员应该时刻遵守公司的着装标准。

如果不是像美国的苹果公司一样，无论是公司高层还是普通员工都喜欢穿牛仔裤去上班的话，尽可能避免穿牛仔裤去上班。尤其是需要接待顾客或与合作方的管理层见面时更应注意。虽说都是T恤，但是男职员还是应该尽量避免穿圆领的套头T恤。

下面是一些关于着装标准的实用建议。

聪明新人的着装标准

① 熟记公司着装标准

有一定规模的公司一般都会有关于着装的规定。如果有，无论规定内容多么形式化，也要详细阅读并熟记在心。如果公司没有书面形式的着装标准，也要向人事部的职员或者前辈询问公司对着装方面的要求。

② 领带

如果公司的领导和大部分员工每天都系领带上班，或者你的工作是需要每天接待顾客的营销职位，再或者需要代表公司参加正式场合时都应该系领带。即便公司不要求你穿正装上班，也尽量准备一条领带放在办公桌抽屉或置物柜里，深色最为合适。因为在职场生活中，突然需要出席正式场合甚至于葬礼的情况时有发生。

③ 短袖衬衫

穿正装时要尽量避免搭配短袖衬衫。尤其是在外企上班的人，这一点必须要注意。因为白色系短袖衬衫搭配领带的正装打扮在西方人看来是非常怪异的装束。因此无论天气多么炎热也应尽量避免穿短袖衬衫，但可以把长袖衬衫的袖子折两折起来。

④ 超短裙

女职员应该注意尽量避免穿过分暴露的衣服。虽然追随潮流改变穿着是个人的自由，但是当你作为公司一员时应该尽量注意自己的穿着，不要落人口实才好。虽然这样的情况并不多见，但有的女职员有时会穿明显暴露乳沟的衣服来上班，每当她们向其他人打招呼或说话的时候都会用手捂住胸口，这在公司里面其实是极为不自然的行为。

⑤ 休闲装

现在的公司为了改变公司气氛或节约能源而提倡员工穿休闲装的情况渐渐增多。这时绝对不能掉进“自律”的陷阱里。之前有公司的规定在，穿衣服不用太在意是否会越界，但现在却变成了“自律着装”。因此千万不能把这里的“自律”理解为“随心所欲”。

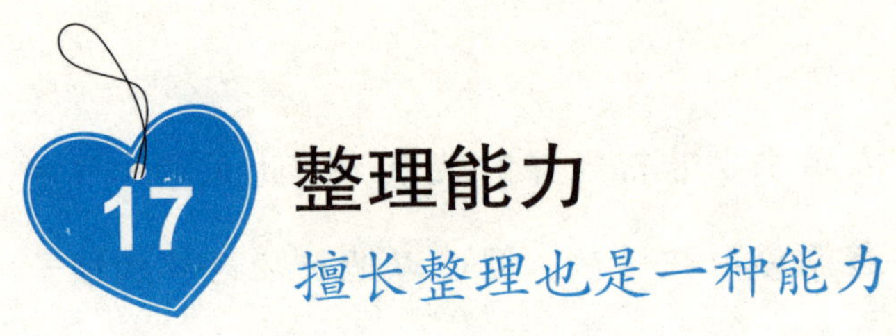

17 整理能力

擅长整理也是一种能力

上小学的时候，在父母和老师对我们的教导中“整理”应该算得上是排进前五名的。自己用的东西要分类整理，用完之后要摆放整齐，这看似简单的事情做起来其实很难。

《扫除力》的作者舛田光洋说干净整洁的环境能够带给我们生命的原动力。他强调只要做好“丢弃”“擦拭”和“整理”就可以让生活充满活力，生意也会越做越好。

不知道大家有没有拜访过真正大企业的CEO办公室？这些成功的经营者都有着令人震惊的整理能力。

首先无论办公桌的大小以及私人秘书的有无，他们绝不会在自己的桌子上放两叠以上的资料，而且无论是什么类型的资料。也有很多人的桌面上根本看不到任何堆放的资料。虽然他们需要处理的事情比一般员工的要多得多，但他们的桌子怎么会这么干净呢？那些需要他们签字的资料和文件都堆到哪里去了呢？

其次，最重要的一点就是他们充分意识到“丢弃的美学”，所以才能将办公桌整理得如此完美。因为他们早就知道将办公室整理得井井有条，可以节约大量的时间，工作也将更具效率和生产性。

最后，他们在使用电脑的时候会将有用的信息用文件夹进行分类整理，方便日后使用时查找。并且在文件夹命名时，一般会记录储存日期便于分类整理。而且如果不是必要的情况他们不会打印文件，讨论以及处理过的文件都会直接废弃。根据文件的紧急情况和重要性，必要的文件放在当天的文件夹里，短期内不会再看的文件则会被毫不留情地删掉。各种杂志、报纸和信件看完之后不会在桌面或抽屉里做半秒钟的停留，直接丢进垃圾桶。

他们这样做是因为已经养成了整理和分类保管的习惯。在工作过程中，接触到的各种资料都会按照重要 & 紧急，不重要 & 紧急，重要 & 不紧急，不重要 & 不紧急的标准进行快速分类，将文件按照优先顺序进行管理或直接扔掉。

这里有三个同一天进入公司的员工 A、B、C。他们平均每个月要写 10 份报告。这些报告根据内容期限可以分为短期的月度报告和长期的季度报告等。

A 把全部的报告都堆放在桌面上。因为他认为上司随时都可能向他询问报告的内容。如果购买文件夹对文件进行整理，他觉得购买文件夹的费用加上整理花费的时间实在有些浪费。而且桌面上堆满文件让他有一种努力工作的满足感。

B 按照文件的属性购买了文件夹，将文件按照顺序整理起来。每周日程表、每月业绩表、季度报告等，随着报告数量的增多，他购买的文件夹也越来越多。进入公司之后整理起来的文件把办公桌的一角堆得满满当当的。

C 不会长期保管文件。文件一旦超出项目时限就会直接扔掉，类似每周业务报告这样的周期性文件也包括在内。C 每个季度会对季度内的报告进行一次整理，除了虽然超过时限但有价值的计划案或资料以外一概扔掉。

下面让我们来看一看三年后他们有什么样的变化吧。A 的办公桌上文件堆积如山已经放不下任何东西了。不光是桌面连文件柜也是塞满了各种报告。B 为了他刚写好的报告买了第 37 个文件夹，而且办公桌上已经没有放文件夹的地方了，所以他想买个新的书架并为此正在跟财务部纠缠呢。相比之下，只保留重要文件的 C 桌面干净整洁井井有条。

某天上司突然向他们问及上次会议中探讨过的方案。A 用了 90 秒的时间才找到这份报告，B 用了 60 秒，C 只用了 10 秒。对于同一时间入社的 A、B、C 三个人，大家会更期待谁 20 年后的样子呢？答案必定是C。因为C的竞争力是B的6倍，是A的10倍。

一份调查资料显示平均每个人拥有的物品大约在一万件左右。虽然这个数字每个人之间都存在一定差异，但是我们完全可以认为如何有效地管理这一万件物品，决定了一个人的整理能力。

风靡全球的畅销书《简单生活》的作者沃纳·蒂基·库斯滕马赫通过各式各样的研究，得出了与简单生活相关的7层金字塔模型。最底层就是从整理自己的物品开始（Step1: Simplify Your Things）。书桌抽屉、衣柜、车厢等处放置的物品如果不简化，剩下的六个阶段（财政、时间、健康、人际关系、伙伴关系、资产）就难以进行。

人们都说旧习难改。所以刚开始工作的时候就应该养成整理的好习惯。随着职位的升迁，需要你处理的事情也会越来越多。如果没有好的整理习惯，那么文件和名片就无法得到好的整顿，重要的文件也可能会失手销毁。韩国一家招聘网站对1 000名工作三年以上的职场人做了一份调查，结果显示15.9%的人认为“办公桌等工作环境脏乱差的新人员工”是最不像样的。因此说整洁的桌面能够让职场新人给大家留下一个好的印象丝毫不为过。

此外还应该养成整理文件的习惯，所有的文件都尽量不要急于打印，尽可能等修改完整之后再打印，而且打印出来的文件应该也要尽早销毁。

即便是需要临时保管的文件也不要在桌面上堆放两叠以上，可以用彩色的文件夹将文件竖直陈列在桌面上，以便需要时及时查找参考。另外这些文件尽量在2~3周内销毁，或者扫描之后保存在电脑硬盘中。而像合同书这种必须保留原件的资料最好用另外的文件夹整理后，再按照项目进行分类保管。每天只需投资五分钟的时间就可以将一切整理得井井有条，这样工作的压力也会减轻不少。

虽然我们从小就被教导要学会整理，听得耳朵都长茧子了，但绝不能为此就无视整理的重要性。如果你不整理好自己的办公桌和工作环境，会让其他人认为你是一个不可靠的人。不仅如此还会让商业伙伴对你的信任度大打折扣，因此绝不能把整理看得太过简单而耻于去做。

为了在职场中成为一个有竞争力的高效人士，为了将来升职成为一个有能力的管理者，请从整理周边环境开始培养自己的整理能力。

18 时间管理

活在自己的时间里

从大宇电子开始到辗转各个跨国际企业，让我忙得不可开交，在这期间我第一次而且是出于自愿地成为了失业者。相对我的职业生涯而言，虽然只有短短的三个月，但是这段时间之于我弥足珍贵。完全枯竭的能量得以再补充，最重要的是我有时间回顾自己的工作和生活。

“休息的时候就应该专心休息”，虽然假期很短但我也切实体会到了这句话的含义。如果当时因为经济方面或履历方面的原因继续接受其他业务的话，恐怕此刻我已经身在西方极乐了，再不然也要得个重病在医院躺着。而且如果有人问我，在过去 20 年的职场生活中做得最棒的决定是什么，我会毫不犹豫地回答“从柯达公司辞职”。

我在大学毕业的第二天就入伍了，从部队退役的第二天就到大宇电子报到，从大宇电子辞职的第二天就入职 Gillette。入职戴尔电脑和可口可乐公司时的情况也是如此。回过头来发现自己连口气都来不及喘就一直跑到了今天。那个时候在“珍惜每1秒钟”的标语下，我一门心思看着前方奔跑，换工作的时候趁机休息几天都觉得不是自己该做的事情。

从学校毕业15年以来，我一直在全力以赴地向前冲刺。于是这次我决定要花一年左右的时间看看书，做做运动，补充一下枯竭的能量，同时为未来做个打算。休息的这段时间每天都在重复早上看书下午运动的生活。不再为别人的利益而活，而是单纯地把时间都用在自己身上。

说到这里突然我想到美国国务长官希拉里·克林顿的一段令人印象深刻的答辩。她在CNN电视台的《拉里·金直播》（Larry King Live）中曾经这样说道。

拉里：据说好莱坞正在拍摄一部以您为主人公的电影，由莎朗斯通担任女主角。如果这部电影上映您会去观看吗？

希拉里：不会。

拉里：不看？为什么呢？

希拉里：虽然他们能让莎朗斯通这样的美人来饰演我的角色，这让我很开心，但我有很多事情要做。我只想过自己的人生。

表面上大家仿佛都活在自己的人生里，但事实上不知道有多少人活在别人的时间里。如果你想知道你现在活在自己的人生里，还是别人的人生里，那么就要先仔细打量一下自己一天的日程。

从你早上起床到晚上上床为止，仔细且深入地观察你的每一个行动，从中你就能判断出你的人生是过给自己的，还是过给别人的。

如果早上睁眼之后，你会花几分钟的时间去计划自己一天的日程，那么你就是活在自己的人生里；但如果你每天都在好奇“昨晚发生了什么事情？”然后抓起遥控器打开电视看新闻的话，那么你就活在别人的人生里。

如果你利用上下班的时间看书或学习外语，把时间用在自我开发上的话，那么你就是活在自己的人生里；如果一得空就在网上搜索运动选手或人气明星的八卦消息，随身携带各种大众报刊的话，那么你就活在别人的人生里。

如果你上班之后先打开电脑，然后开始检查一天中最重要且紧急的工作是什么，那么你就是活在自己的人生里；但如果你在和别人讨论网络上的各种新闻消息，或者前天晚上的电视剧的话，那么你就是活在别人的人生里。

如果在工作中你专注于自己的工作，将热情用在如何改善自己的工作上，那么你就是活在自己的人生里；如果你端着杯咖啡或叼根烟，时不时地离开座位去跟同事埋怨公司或上司，那么你就是活在别人的人生里。

如果你下班之后会跟家人一起吃饭聊天，努力锻炼身体，那么你就是活在自己的人生里；如果你下班之后，热衷于跟同事一起喝着酒争论什么发展啊报酬之类的话题，那么你就是活在别人的人生里。

如果睡觉前你会反省和回顾一天的日程，那么你就是活在自己的人生里；如果你把时间都花在看某某离婚，某某演员整容等等网帖回复的话，那么你就是活在别人的人生里。

无论是谁仔细观察自己的一天，总能找出一两个小时被浪费掉的时间。你感觉自己一整天过得非常忙碌，但其实那些时间都被你泡在懒惰里白白浪费掉了。生产性的时间的反义词是消费性的生命。检讨自己的每一天，抓住那些流逝的时光。

活在自己的人生里而非别人的，这是成功的时间管理（Time Management）必须具备的条件。当然在社会中生活难免会接触到绯闻八卦，跟同事待在一起也难免会听到别人的闲言碎语，但关键是要掌握平衡。

如果你从初期就对别人的生活充满好奇，每天用一两个小时的时间去关注，那么你在职场待上一万年也不过是任由自己的人生受人差遣而已。而且如果你想在现在的公司和无法预测未来的社会中生存下去，根本没有时间去关心人家的生活。如果把这些时间用在自我开发上，你的生存就能够获得自由。

几年前，摩托罗拉首席执行官 Ed Zander 曾经在一期电视节目上说："如果你不朝自己身上挥鞭子，总有一天会挨别人的鞭子。"我们自己的时间就应该用在规划、实践和反省自己的人生上，如果都用来学别人的样子那就是浪费。而且即便你短期内将处于失业状态，也不应该将时间浪费在毫无意义的事情上。

我给自己的甜蜜假期只有短短的三个月，比预想的一年短了许多，但足以让我精力充沛地准备下一步的计划。机会只给有准备的人，而那些没有准备的人很容易因为认不出机会而与其失之交臂。

最终时间管理其实就是要告诉我们如何过自己的人生。每个人每天得到的时间都是一样的，关键就看我们如何去管理，管理得好它将引导你走向成功。如果你想成为自己人生的主人，那么不要忘了把这个秘诀运用到自己的时间管理上。

19 习惯

确保自己的生活秩序

高尔夫王子泰戈尔伍兹每次参加高尔夫球大赛都会在比赛开始前 75 分钟进行练习。他先进行 20 分钟击球练习之后，再进行 35 分钟的掷球、铁头球杆、木杆、发球杆的练习，最后剩下的 20 分钟进行沙坑击球、短距离击球的练习，然后开始正式比赛。游泳选手朴泰桓在比赛开始前一定会戴着耳机听音乐。

如上所述这种选手在比赛开始前惯有的行为在运动心理学上被称为“程序（routine）”，这里的程序是指为了消除比赛前的不安感，做一些自己平时经常做的训练或行动。像泰戈尔伍兹和朴泰桓一样的世界级选手都有自己独特的程序，他们在每场比赛中最大限度地使用这些程序，这能够帮他们最大限度地提高成绩。当然比赛结果不尽如人意的时候同样可以使用。

“我的每一次击球都在重复相同的程序。向父亲和杰克·尼克劳斯学习的击球方法可以让我在任何情况下都保持平常心，不显露出退缩的样子。”

（注：杰克·尼克劳斯——美国高尔夫球手，高尔夫历史上最伟大的球手之一。）

泰戈尔伍兹越是在比赛进展不顺利的时候，越会集中精力完成程序。

程序不仅可以应用在比赛中，如果你留心观察成功人士的生活，你会发现程序对他们人生起到的引导作用是惊人的。每天在规定的时间起床和睡觉是最基本的，他们还会在规定的时间里对一天的日程进行计划和探讨，并保持规定的运动量和规律的饮食习惯。

德国哲学家康德从小开始每天早上5:30起床，从未改变过。他非常恪守自己的生活规律，村里的人们甚至还用手表测过他的散步时间。

程序是一种习惯。如果你不停重复特定的动作，大脑会认为这个行动是有用的并会经常去做，这样一来就会变成习惯。因此习惯越久越难改。如果这个习惯是具有生产性和创造性的当然最好，但万一正好相反是毫无意义的程序的话，那就应该费点心思想想该如何纠正。

你一定也有专属于自己的程序，但这个程序是会带来成功，还是会导致停滞或退步，这非常需要我们来探讨一下。如果你的程序是类似每周跟同事喝两三次小酒，宿醉第二天路过公司附近的药店买解酒药，连续十年每天早上空腹吸收尼古丁，周末通宵玩网游第二天迷迷糊糊睡一整天，这样的程序还是趁早改掉的好。

但如果你身在职场却完全没有自己的程序，那也非常值得研究一下。也就是说如果你是碰上早起就早点上班，碰上晚起就晚点上班，工作早点结束就做做运动，累的时候不管什么运动不运动回家睡觉要紧的话，你需要对自己不规律的生活和极易受外因影响的行为好好思索一番。

在刚刚开始职场生活的时候，拥有生产性的程序是非常有意义的。因为今天的我是由昨天的“程序”创造出来的。如果你好奇自己明天的样子，那么仔细观察今天的程序就可以得到答案。因为今天的习惯决定了未来的自己。

因此为了让自己拥有成功的人生，应该最大限度地增加好的习惯，减少坏的习惯。每个人都有各自的好习惯和坏习惯，那么改变一个人的习惯到底需要多少时间呢？

综合各位专家的意见可以得知，改变一个习惯最少需要 21 天的时间。当然让一个抽了 30 年烟的人在三个星期内把烟戒掉实在有些勉强，但是要改变日常生活中大部分的小习惯21天的时间就足够了。比方说一个食欲很强的人每餐都有过食的习惯，如果他能够连续三个星期有意识地减少饮食量，开始的一两个星期也许会觉得很饿，但等身体适应了之后就算吃得少基本上也不会觉得饿了。

大家是否想过自己5年之后的样子？如果你坐到现在上司的位置上，你能像你的上司一样把所有事情都处理好吗？如果你已经意识到问题的严重性，那么就应该到了改变程序的时候了，改掉之前毫无问题意识或者明知有问题也不理睬的程序。当人感觉迫切的时候就会生出改变的欲望。

既然已经有了要改变的想法，那么就要树立具体的目标，打造具有生产性的程序。首先记录自己的行为有什么问题，看看哪些是需要改正的。如果你尝试减肥却总是失败那就应该检讨一下自己的饮食习惯。观察一下你的饮食问题主要针对哪一种食物，一般会吃到什么程度，什么时候吃，吃什么样的，等等。同时记录这种错误的饮食习惯是从什么时候开始的，以及造成减肥失败的主要原因是什么。还有要决定从什么时候开始必须更正这种错误的饮食习惯。

既然已经确定了具体的目标，知道自己想要什么样的程序，接下来就应该付诸行动同时观察自己的变化。在这需要忍耐的

21天里，为了让新的习惯变得更加巩固，一定要有积极的态度。只有这样才会有劲头，日后的成就感才会更大。

“这次肯定也不行的啦，已经失败了那么多次了。能坚持三天就不错啦。”

像这样的消极态度是起不到任何帮助的，所以一开始就不要给消极的态度任何进入大脑的机会。

“我可以做到！这次预感很不错！我一定会成功！”

我们应该坚持用积极的想法来打压消极的态度，只有这样才能培养出相对更有生产性的程序。想一想那些比赛遇到困难反而更专注于程序的运动员们，再想象一下三个星期后，或者五年之后改变的自己，就一定可以培养出好的程序。就像健康的身体会带来健康的想法一般，让我们用健康的程序来打造我们自己吧。

我同样是一个缺乏修养的人，我想拥有的工作习惯和想摒弃的恶习数不胜数。我为了改正恶习培养好的习惯，在不断失败又重新挑战的过程中看到了一点一点改变，一点一点成长的自己。当我被从前习惯化的程序困在委屈的深渊中，迷失在挫折的苦海里时，这些希望给了我很大的勇气和动力。

我为了给自己制造有益的程序，尝试过很多方法也有过许多失败的经历。但其中有一个方法十分有效，我非常想跟大家分享。那就是在工作的时候，每天做一张“Reflection Time”表格。关于这部分的内容后面会有详细的介绍。

总而言之，我想叮嘱大家在找到第一份工作之后就应该开始打造对自己有益的程序，富有生产性且高附加值的程序，以及当你意志消沉时可以让自己重新振作起来的程序。

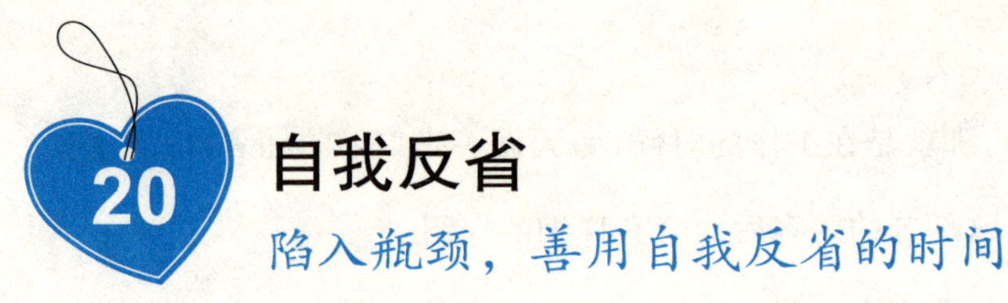

20 自我反省

陷入瓶颈，善用自我反省的时间

明天或是后天某个快乐的日子
我又该写下一句忏悔。
那时那个青涩的年纪
我为何会说出那般羞涩的告白。

每个夜晚我都在用手心和脚心
擦拭我的那面镜子。

——尹东俊《忏悔录》

如果说公司的工作可以分为：计划（Plan），实施（Action）和检讨（Review）三大要素。那么你在每一项要素上投入了多少时间呢？你是否也有过在计划上花费了太多时间，等到实施的时候发现时间不够用的情况？或者毫无计划地蛮干一番之后，在实施过程中遭遇困难导致中间的过程不断反复？再或者你是否是对做完的工作绝对不会再多看一眼的类型？

无论是应对什么样的工作，学会在计划、实施和检讨上合理分配时间是新人时期最应该掌握的要点。在这里我极力推荐的最佳比例是 10∶80∶10，当然根据工种和职位的不同时间分配的比例也会有所不同。

根据巴雷特法则指出的 20% 原因决定 80% 的结果，把 20% 的时间分配给计划和检讨，剩余的 80% 留给实施就可以了。

举例来说，假设公司指派某位员工负责 A 项目。为了成功完成项目，首先需要对 A 项目进行分类，再按照分类分配时间、预算和人员，最后确定什么时候需要经由怎样的流程来实施。这个过程大约需要 10% 的项目时间。接下来的实施阶段占到了总项目时间的 80%。最后留出 10% 的时间对照项目初期的计划检讨项目是否成功完成，哪些地方存在问题需要改善，完成项目报告即可。

至今为止我观察了许多职场人并发现了几个令人震惊的事实，“大部分的职场人都不会把时间用在计划和检讨当天的日程上”就是其中之一。也就是说，每天都在努力工作的人很多，但是真正关心自己的工作成果并适时检讨的人却不多见。努力做自我开发却从不自我反省，到头来自身综合能力的提升还是会归于零。

我也是从新人时期开始到进入中间管理层之前，对这个部分并不那么关心。明明每天都起早贪黑地努力工作却不见什么大的成果，这样的日子一直持续使得上下班的脚步开始变得沉重无比，有的时候甚至觉得自己在浪费生命。下班之后回到家就再也不想操心公司的事情，所以晚饭后经常是跟孩子玩玩或看看书，打发完时间就上床睡觉了。

这样的生活持续了好几年，直到某天我无意间接触到一个叫做“Reflection Time”的词汇。这个词改变了我无趣的职场生活，让我瞬间眼前一亮。随后的几年间，经过我不懈的努力将“Reflection Time”融入我的生活，见证了无数令人欣喜的改变。

“Reflection Time（以下称 RT）”翻译过来就是“自我反省时间”，可以理解为回归和整理自己当天日程的时间。建议将 RT 安排在每天晚上睡前的 30 分钟，在安静的独处空间中进行。

将日记形式的 RT Note 摊开放在桌面上，深呼吸三到四次，静静地闭上眼睛。然后重新回顾从今天早上起床到 RT 开始之前发生的所有事情。见过谁，和谁通过话，跟上司说过什么，今天的工作中最重要或最困难的地方是什么，有没有锻炼身体，有没有吃对身体有害的垃圾食品或速食品，做了哪些利于自我开发的事情，有没有参加不必要的聚会浪费时间，上个月的决心这个星期有没有努力在实施，有没有用感激的心态度过这一天。把这些事情一一罗列出来。

然后睁开眼睛，想到什么就写什么。在记录的过程中，今天需要反省的部分，应该鼓励和称赞自己的部分，明天上班的时候应该优先处理的部分，需要重新计划的部分都会自己跑出来。

不需要在笔记上花费太多纸张和时间。不需要写完整的句子，用两三个词语来表示就足够了。比方说你的目标是减轻体重，所以决定不吃垃圾食物，那么在当天的 RT 笔记上写下“垃圾食品”或“No junk food”就可以了。如果这天中午是用汉堡包或披萨解决午餐的话，那么就写上“垃圾食品——汉堡”或“junk food——hamburger”；如果晚上公司聚餐喝了几杯酒，那么就写上“烧酒（3 杯）”就可以了。

RT 生活化！说起来简单，但是就我个人经验看来，即便你下定决心要每天实践 RT 的方法，如果没有坚定的决心和觉悟是绝对不可能办到的。我从意识到 RT 的重要性到彻底实践用了两年多的时间。因 RT 没有形成习惯而中途放弃的情况时有发生。说实话就算是现在，如果去国外出趟差打破了原来的生活规律，回来之后想要拿出 RT 笔记重新开始记录需要花好几天的时间。

我以过去几年间的RT经历为基础，总结出了我每天需要检查的15个项目。我把这些项目做成表格的形式，添上“Lim's Checklist”的题目和时间，打印出来贴在书桌的前方。每天晚上睡觉前都用O和X进行记录，这已经成为一种习惯。

虽然所有的职场人每天都在完成自己的工作，但是能够在计划好的日程基础上工作的人却不到一成。而其中每天计划好日程，按照日程实施，并且进行RT的人甚至还不到1%。

你想在职场中获得成功吗？那么请从新人时期开始仔细观察上述1%的人，观察他们是如何规划每天的日程的，并照着他们的方法去做。在这个模仿过程中，成功就会悄无声息地来到你的身边。

| 制作我的 RT 笔记 |

这份 RT 列表是由我制定并每天都在使用的。现实中我将这份表格做成 Excel 文档，每天都在努力实践着。

		1	2	3	4	5	6	7	…
1	Get up at 5:30 （早上 5 点 30 分起床）								
2	QT & Pray （读圣经 & 祷告）								
3	Office by 7:00 （早上 7 点上班）								
4	No small stuff （不为小事费心）								
5	Overcoming fears （克服恐惧）								
6	English for 2 hours （2 小时英语学习）								
7	Abstinence （禁酒）								
8	Light meal （少食）								
9	Dinner by 6:30 （晚上 6 点 30 分晚餐）								
10	No Junk food （不吃垃圾食品）								
11	Exercise for 30 min （运动 30 分钟）								
12	Unnecessary meetings （不开无用的会议）								
13	Turn off TV by 9:30 （晚上 9 点 30 分关电视）								
14	Reflection time （反省时间）								
15	Go to bed at 10:00 （晚上 10 点睡觉）								

| 前辈们的“第一份工作”04| 朴智慧（国民银行代理）

她毕业于新闻放送专业，曾经梦想进入电视台，但是职场的第一步却迈进了金融业。起初只想把这份工作作为一个代替品，但意外发现这份工作非常适合自己，今年已经是在金融界的第七个年头。虽然她嘴上说“其实也没做什么特别的事情”，但她之所以能够在职场中如鱼得水，都得益于她与众不同的积极态度。

① 认为自己在职场中做过的最正确的事情是什么？

在我第一次工作的地方，同事们都说我是一个热情开朗能干的后辈。现在想起来，可能是我爱笑的个性和温和的工作态度帮了大忙。正因如此我不仅和同事相处得十分愉快，而且还有前辈给我介绍了更好的工作，就因为我给他们留下了不错的印象。在工作过程中难免会遇到身心疲惫的时候，每当这时我都努力控制自己不把情绪表现出来，努力用平和的态度与对方进行沟通，而不是一上来就大呼小叫。

起初觉得只有我自己在吃亏，净往自己身上揽活干似的，但是时间久了同意我意见的人越来越多，大家一起工作的气氛也越来越好。刚开始工作的时候大家都是开朗且充满热情的，然而随着时间的流逝人们的表情开始变得麻木，彼此之间也变得漠不关心起来。但是如果你始终记得最初的心态，用开朗积极的态度和同事们一起愉快地工作的话，那么日后回想起来绝对不会有半点悔意。

② 在第一份工作中，遭遇的最难堪的瞬间和最困难的问题

刚过去的2008年金融危机是我最难堪的一段经历。当时全球经济恶化，我们销售的基金产品损失惨重，客户纷纷而至的抗议让我们备受煎熬。虽然工作流程上没有丝毫的瑕疵，但是令顾客的财产蒙受损失，道义上的责任感和无数的指责，最重要的是我们拿不出有效的解决方案，这些都令我倍感无奈和辛苦。我对自己选择这份工作充满了悔意，最终导致自信全无，对工作的欲望更是下降到几乎消失的程度。

在所有人都不知道如何应对的情况下，我当时的偶像组长真心诚意地请求顾客的谅解，竭尽全力在尽可能快的时间内拿出解决方案。看到组长的诚意，顾客们选择再相信我们一次，将财产交给我们管理，同时也让我们这些一起做事的人重获力量。虽然现在经济已经有所好转，但是当时的遭遇让我意识到

自己的工作会对社会造成怎样的影响。借此机会我也下定决心要用更加专业的知识和慎重的态度来对待工作。

③ 工作一年后最苦恼的问题，以及当时关注的领域

工作之后，最令我苦恼的事情就是我做的并不是我想要的工作。但是看似简单枯燥的银行工作，真正做起来却有很多地方跟我想的不一样。本以为工作之后自然而然地就会成为金融专家，但金融业务对于并非经管类科班出身的我而言还是有许多生疏的地方。当时我被安排到一个看似没什么发展和盈利的营业点做一些琐事，这让我很苦恼。而且没有机会学到我想做的工作也让我很伤心。我满腔热血在公司里却得不到重用，我甚至开始觉得委屈，开始怀疑这条路是不是我该走的。

但是我告诉自己，只有做好手头的事情才能得到更好的机会，因此我开始把精力都放在当时负责的工作上。同时开始针对我的工作领域进行深入的学习，金融从业资格证也一张张地到手。渐渐地身边的人开始认可我的能力，这份工作是否适合我的担心也逐渐消失。我也得到了机会去学习我想做的事情。

④ 对马上就要工作的后辈想说点什么？

起初公司交给你的工作可能不是你想做的或期待的，也许

你会为此感到失望。而且看到那些缺乏斗志安于现状的前辈，你也会想那也许就是自己十年后的样子，内心的某个角落发出嗡嗡的轰鸣声。但是我希望各位不要无视问题的存在，也不要过分苦恼是否应该辞职。首先把自己的本职工作做好，提高熟练度，坚持自我开发，开创出属于自己的职场道路。

在职场中找到你的偶像，把他作为你的职场导师，有问题的时候就向导师请教可以得到很大的帮助。不要害怕出错，即便不是你的工作也要多学习多体验。尽量不要死盯着自己的工作不放，尝试多了解整个业务流程，不仅可以加深对自己的工作的了解，万一日后碰到意料之外的工作，这些经验就会发出夺目的光芒。

最后，希望大家都能有属于自己的兴趣爱好。当然刚刚开始学习的新人应该在充分熟练自己的工作之后再开始享受业余生活。在枯燥乏味偶尔感觉腻烦的职场生活中，确实需要兴趣爱好来给生活注入一些活力。而这些快乐不仅对职场生活有帮助，对日后的人生也会有极大的帮助。

⑤ 在第一份工作中遭遇的人际关系问题，以及你的解决方案

工作之后遭遇的人际问题，主要源自于已经熟悉组织文化的成员和我的思维方式之间存在的差异。只要稍作改变就可以

更加有效地工作，可他们偏偏还在使用低效的方法，不合理的工作却被当做惯例，这些情况令我格外在意。虽然我为了提高工作效率提出了许多意见和方法，但反而遭到指责说什么现在的年轻人不满太多，太喜欢出风头。指责听多了不仅会跟前辈产生距离感，还会让那些忌讳改变的人对我失去信任。

但我没有选择独自一人伤心，而是向组长请求帮助，组长给予我理解并告诉我改变需要时间，让我慢慢来。首先我应该获得同事们的信赖，所以我不仅踏实工作，同时还努力用真心去靠近他们。为了和一些疏远的同事搞好关系，我没少费心思。经过我持续不断的努力，同事之间的关系回到了从前，而且关系好了之后感觉无论提出什么问题都能尽快协调一致地得到解决。

当你想要改变某些东西的时候，不要一味地固守自己的意见，而是应该先了解自己所属组织的文化和氛围，等同事之间形成信赖关系之后，再去解决问题会更加得心应手。

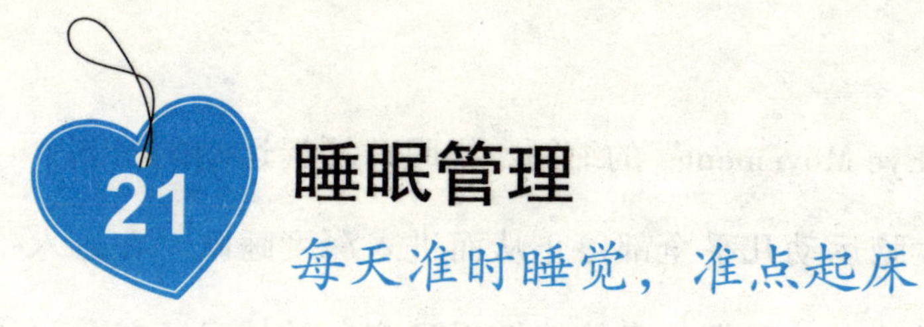

21 睡眠管理

每天准时睡觉，准点起床

“您睡得好吗？”

“睡得怎么样？”

昨晚睡得好吗，这听似平常的习惯性问候语其实蕴含着非常重要的信息。睡眠是人们最基本的休息方式，可以补充体力生产能量。因此睡眠质量完全可以作为衡量健康的标尺。

在经济合作与发展组织 OECD 最近发布的“2009 年会员国社会指标”中，韩国人每天平均的睡眠时间是调查对象国中最短的，工作满意度也是最低的。由此可以看出睡眠质量与工作满意度是相挂钩的。身在职场，每个人都有必要深思熟悉一番，睡眠与健康、工作满意度甚至于幸福指数之间的关系。

睡眠专家告诉我们睡眠可以分为快速眼动（REM）和非快速眼动（Non REM），睡眠过程中两者交替反复出现。REM 是英文“Rapid Eye Movement”的缩写，指眼珠快速运动的睡眠状态，刚刚进入睡眠的瞬间会经历这个阶段。Non REM 是英文

"Non Rapid Eye Movement"的缩写，指眼球缓慢运动的状态，在这个阶段大脑运动几乎全部停止从而进入深度睡眠。在进入非快速眼动睡眠时，我们的身体能够得到充分的休息，并分泌出成长荷尔蒙使疲劳得以恢复。

因此充分的非快速眼动睡眠是非常重要的。虽然睡眠专家的意见存在些许差异，但普遍建议成人每天最好能够保持7~8小时的睡眠。

另外，为了保证高质量的睡眠，睡前3~4小时维持空腹状态，建议不要摄取酒精。因为成长荷尔蒙在空腹状态下分泌最为旺盛，而酒精不仅会抢占水分还会降低睡眠质量。

经常听到身边有人说，"我睡前一定要喝一杯才睡得着"，其实这只能代表你入睡的时间变短了，但并不能算是熟睡。也就是说睡觉前摄取酒精，只是让快速眼动睡眠变长，而非快速眼动睡眠会相应缩短，最终的结果是影响了睡眠的质量。

既然说到了酒，我们来挑一个与酒相关的习惯说法，用医学的角度来好好剖析一下。"睡前喝一至两杯红酒可以预防心脏病"，这样的报道在日刊或各种杂志上随处可见。但是大家知道这类报道其实是属于产品宣传性质的吗？在大众媒体宣传的帮助下，几年前开始从法国、智利、美国引进的大批的红酒被我们的国民统统消费掉了。

但是，几年前一项颠覆人们固有观念的研究结果一经公布便引起了全世界的瞩目。法国国立癌症中心 2009 年年初发布的论文中指出，“每天喝一杯红酒的人比不喝红酒的人，患癌症的概率高出168%”，依据是酒精分解之后会产生一种称为“乙醛”的致癌物质，虽然量极少但是如果每天摄入酒精，致癌物质在体内堆积患癌症的概率就会大大提高。如果说身为红酒大国的法国发表这样的论文具有一定的偶然性，那么另外一篇文章为其充当了绝佳的佐证。2008 年 WCRF（World Cancer Research Fund，世界癌症研究基金会）发表了一篇研究结果，资料显示每天喝一杯红酒或啤酒的人，比完全不喝酒的人患乳房癌、口腔癌、食道癌等疾病的概率要高出许多。

那么有些人睡得明明和别人一样多，怎么就会比别人要成功得多呢？尤其是在政治经济领域获得所谓成功的人，观看他们的采访或阅读自传会发现几乎所有人都提到了自己的睡眠。以下几种说法较为常见：

“睡觉的时间太可惜了，我几乎都不怎么睡。”

“每天睡觉的时间从未超过四个小时。”

“想睡死后可以睡个够。”

“我的睡眠很深，所以每天睡四个小时就足够了。”

现在人们仿佛把睡得少看做是一种能力或是炫耀的资本，但如果遇到这样的人肯定是属于以下三类人之一：过分夸张的表达；几亿分之一的特殊体质；正在与各种疾病作斗争。

曾经有一位大企业竞争者一生很少睡觉努力工作的事迹通过大众媒体传开。但是他晚年遭受各种并发症的折磨，当看到电视上他坐着轮椅出现的瞬间，“如果他平时多睡觉也不会落到这个地步”，这样的想法一直在我脑海里挥之不去。

现在你的睡眠管理方法可以打几分呢？我们管它叫“睡眠管理分”吧。如果你在睡前不摄入酒精，晚饭后维持四小时以上的空腹状态，并在规定的时间以平和的心态进入梦乡，第二天早上不需要闹钟也可以心情愉快地起床。如果这样的生活持续一年以上，那么你的睡眠管理得分就是 100 分。

相反，几乎每天都喝酒，睡前暴饮暴食，睡眠时间不规律，早上被嘈杂的闹钟声吵醒，以浑身倦怠的状态起床。如果这样的生活持续一年以上，那么你的睡眠管理得分就是 0 分。让我们来仔细观察一下最近一年的睡眠习惯。

如果睡眠管理分满分 100 分，你的得分达到 80 分以上，那么说明你的成功已经得到大半的保障；如果在 50 分以下，说明你在社会上获得成功的可能性非常低；万一在 30 分以下，那么你必须承认自己现在的状况很糟糕。

如果你因为现在的工作和参加各种人情场合而疏忽了睡眠，那么从现在起需要有想法上的转变。刚进公司的年轻人精力旺盛很容易忽视睡眠管理。但只有从现在开始一点点努力积累，十年后与健康状态配合才能拥有瞬间集中力。那么让我们把目标定为 80 分，一起来努力吧。

睡觉的时间并不是完全被浪费掉的，我们应该了解睡眠是为了让第二天的工作更加高效，让身体节奏达到最佳状态而进行的再充电的过程。因此我们应该逐步培养定时睡觉的习惯，睡前空腹的习惯，禁酒的习惯，睡到足够彻底消除一天疲劳的习惯。

为了提高睡眠质量，睡眠专家还提出了一点建议，那就是尽可能减少看电视和上网的时间，因为电视画面和电脑屏幕发出的光和影像会降低睡眠质量。

“睡觉就是补药”，我相信这句简单的话是祖先留给后世的最有价值的金玉良言。希望大家一定要铭记，每天坚持高质量深度睡眠的习惯才是提高生活品质和工作竞争力的最基础的基础。那么让我来改一改平时打招呼的话吧。

“睡个好觉。”

“晚安。”

22 树立原则

“拒绝”也需要练习

“明明不会喝酒，喝那么多做什么？”

我问前天晚上因为宿醉而受罪的职员。

“我也不想喝啊，客户死活都要我喝炸弹酒，就喝多了。”

（注：炸弹酒是指啤酒和烧酒勾兑的酒，称得上是韩国酒文化的一部分。）

我问那些几乎每天都加班的职员，为什么要加班加到那么晚。他们回答我说，上司交代的工作实在太多了，根本无法在正常时间下班，为了处理剩下的工作有时候连周末都要来公司。我问经济并不宽裕却购买了很多保险产品的人为什么这样做。他们回答虽然大多数的保险都没到买得起的时候，但是在保险公司上班的同学总是来找自己求助，无奈之下才购买了大量的保险产品。

在社会生活中，我们会碰到无数类似的难以拒绝他人请求的情况。尤其是职场上司或重要客户提出的工作或非工作的无理要求，这些都让我们的内心备受煎熬。“拒绝这个提案真的不会有问题吗？”很多人只会去设想这样的可能性，而从未考虑过拒绝本身。像这样无时无刻都可能出现的难堪状况，让我们因为工作本就头疼欲裂的大脑愈发纠结。

根据我的经验和观察，大部分的职场人尤其是韩国职场人对“拒绝”显得非常生疏。即便已经累得快要晕过去了，还要熬夜把上司交代的事情做好。体内的酒精分解酵母明明很少，逢酒必醉，部门聚餐时还是义务性地把上司递过来的炸弹酒倒进肚子里。结婚纪念日在和妻子外出就餐的途中，接到 VIP 客户的电话，无奈之下只能取消晚餐朝客户奔去。这些情况在我们的周围相当常见。

为什么有那么多的职场人，在必须拒绝或完全可以拒绝对方请求的情况下，既无法决绝而且还要让自己痛苦呢？

主要是因为我们从小被教导“拒绝”是带有消极意义的，而且没有在正确的时机养成适时拒绝他人的习惯，并且害怕拒绝会给自己带来不利的影响。当孩子们对父母说，“我去上学了”，我想大部分父母都会说：“去学校要听老师的话。”上学的时候要尊敬师长，当兵的时候要把上级当做上帝对待，工作的时候要对上司绝对服从。生活在韩国的人，类似的意识不知不觉间便已根深蒂固。

在职场生活中，各种盛情难却的情况中最常见的要数“酒”了。聚餐时上司倒的酒，应酬时客户倒的酒，如何拒绝是一个很微妙且困难的问题。下面请先看一下我是如何应对的。

“来，林部长我给你倒一杯。”

“常务，我不太会喝酒。如果您能倒杯饮料给我的话，我将感激不尽。”

“什么？不会喝酒？所以你连我倒的第一杯酒也不肯接？”

“常务，实在抱歉扫了您的兴致，非常对不起。”

这是我换工作之后的第一次聚餐，而且是为了庆祝我进公司才筹备的。我的直属上司不仅是给我这份工作的人，日后还将决定我的工资和奖金。他非常爱喝酒，几乎每天都喝，而且他与我相差十岁，我却拒绝了他倒给我的第一杯酒。不管怎么看我的想法都极为不正常，而且还有违礼数。

事实上当时的气氛非常尴尬，尴尬到了冷场的程度。聚餐过后的后遗症确实也困扰我了好一段时间。第二天，如我预想的那样，常务的脸色很难看，我向他打招呼也不理我，甚至于连续十几天都没有跟我说过话。当时包括我在内公司一共有四位部长，加班的时候他只带另外三位部长外出就餐。摆明了要孤立我，这样的情况持续了三个月，但是我丝毫不为所动。

因为我决心要用业绩来取胜。为了提高业绩，我跟10名部门职员一起竭尽所能。大概过了一个季度左右的时间，我负责的部门业绩明显有所提升。我对上司表现出绝对的忠心，不断思考如何让小到部门大到公司的工作能够有所改善，并时不时地提出修改意见。

这样一来，常务对我的态度开始有所好转。渐渐地开始从各个方面照顾我，尤其是在酒桌上。

“喂，林部长不会喝酒。把酒杯给我，我来喝一杯。”

其他职员硬是要我喝酒的时候，他就用这样的话来袒护我，从那以后我们的关系变得十分融洽。

当时的经验让我学到了两点重要的东西。一个是“酒席虽短，人生很长”，另一个是“在这世上无数的勇气中，拒绝的勇气是需要长期练习和训练的”。

我从第一份销售电子产品的工作开始，大半的时间都在与销售有关的部门工作。哪一个部门的酒席次数和喝酒人才的数量能比得过销售部门。但我却在夹缝中树立了自己的喝酒原则，那就是绝对不依靠酒进行销售活动。当然这样的原则会让我遭遇到各种困境，包括失去部分客户以及销量的瞬间下降等等，但我依然坚守我的原则。

“不会喝酒怎么在销售部门工作啊？”“不喝客户的酒怎么能做出好的业绩呢？”“酒喝多了自然就会了。来，我给你倒一杯。”等等各式各样的嘲讽我听得多了。但是我始终没有因此而动摇。我决心要用业绩来取胜，而不是靠喝酒。

其他销售人员在酒桌上跟客户交杯换盏的时候，我在卖场里检查产品的陈列并分析其他公司的促销活动。第二天其他人因为宿醉而备受煎熬的时候，我早早上班到公司计划当天的工作，把精力用在自我开发上。当其他人哭诉自己的疲劳和头痛时，我的早晨永远是充满热情和希望的。

因为我对顾客的酒席敬而远之，大家都以为我的业绩也会非常低调，事实恰好相反。我反而凭借优秀的销售业绩和工作成果，享受着公司提供的各种待遇。此外，因为时间管理得当我还能抽空写书、做演讲。

在职场生活中，有什么事情比拒绝上司和客户倒的酒更难的呢？当然我做出的决定多少有些极端。最近，酒桌文化变得更加有包容，只要稍作妥协就可以拒绝对方的劝酒。

但我想说的是要在初入职场时就养成拒绝的习惯。不仅对待喝酒的问题如此，无论是从哪一个方面，只要是违背自己原则的事情就应该果断拒绝。如果不从一开始培养拒绝的习惯，最终你的人生将不再为你掌控。

要记住该拒绝的时候就要果断地说“不（NO）！”否则你的人生也将变成“NO =No Opportunity”。不过当然不是要你盲目地什么都拒绝。但如果平时在小事上你不郑重其事地拒绝别人，日后当你面对真正重要的情况时，即便对方提出单方面的要求你也不知如何拒绝。

此外，在练习拒绝的过程中你必然会遭遇各种副作用和后遗症。其中最具代表性的就是被人孤立。如果你打算培养拒绝喝酒的习惯，那么你很可能会被酒友和喜欢喝酒的上司或客户孤立。如果你不相信的话，那就去拒绝三次劝酒的上司或 VIP 客户看看。他们绝对不会再叫上你一起喝酒，或者绝不再劝你喝酒。

大部分的职场人都会担心，“如果他讨厌我怎么办？”“万一在工作上为难我怎么办？”“日后人事问题上对我不利怎么办？”有这些顾虑在先，即使想拒绝也拒绝不掉。

但如果你想事业有成，那么无论遭遇何种状况，你都要有坚守原则的觉悟，要有一双看得够远的慧眼。换句话来讲，因为拒绝引起的怨恨或人际关系人事调动上的不顺都只是暂时的。人生是要靠自己主宰的，因此需要你拒绝的时候就应该态度得当地拒绝。

被身边的人孤立会带来难以忍受的痛苦，这是事实。但是把你孤立出去的那群人，恰恰都是对你的健康和幸福没有丝毫帮助的。如果孤立你的这群人日后对你的人生不会带来任何大的影响，那就闭上眼睛随他们去好了。

被孤立的这段时间多和家人进行交流，被孤立的这段时间多读些各个领域的书，被孤立的这段时间多做运动。以此创造出你五年、十年后的发展，为了发展而坚持不懈地去努力。像这样专注于自己的生活，日后谁是真正的人生赢家，谁在胜利的队伍里被孤立自见分晓。

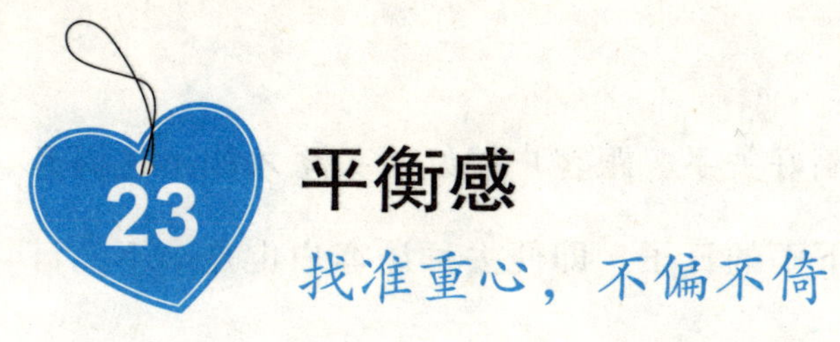

23 平衡感

找准重心，不偏不倚

刚开始工作的时候，起码要过三个月才能脱去新人的稚气。

某个下雨的日子，一位前辈突然悄悄地把我叫到走廊，让我完成上午的工作后到附近的一家旅馆去。虽然我非常好奇大白天的叫我去旅馆做什么，但是前辈说完就急匆匆地出去了，我也不好追上去问。中午的时候，进到旅馆的瞬间我简直不敢相信眼前所看到的和听到的。

“不吃就走啦！”

“那边更大。快拿钱出来。”

“林奎男来啦？过来坐啊，花图会打吧？”

房间的一角堆满杂乱的炸酱面碗，狭小的房间里烟雾缭绕，烟雾中笑声和叹息声交替着。几位前辈职员聚在旅馆房间里打起了花图（花图是韩国特有的一种卡片游戏——译者注）。一位前辈看到我脸上慌张的表情对我说：

“林奎男，花图是营销人员的基本技能。你把花图打好了才能快速地跟客户搞好关系，跟客户搞好了关系才能迅速提升业绩！而且像这种下雨的日子，即便去拜访客户也是拿不到订单的。”

我不知道该说些什么，就那么傻呆呆地站在那里。

“你傻站着干吗？不会打就过来坐着看好了。”

雨天的旅馆房间里散发着特有的潮湿和霉烂的味道，我就那么闷坐在那里看前辈们打花图。烟味充斥着整个房间，我恨不得立刻冲出去，但还是咽下了这样的冲动。当时我刚进公司没多久正是需要前辈帮助的时候，我不想惹他们不开心所以就那么一直呆坐着。

“这世界上最无聊的人就是打花图的人。而比打花图更无聊的人就是看别人打花图的人。”

虽然从那以后我再也没有机会观战，但是当时的花图事件让我对职场中可能遭遇的各种诱惑有了一个深入思考的机会。

身在职场由于工作的关系你会遇到各式各样的人，从上司、同事、前辈到客户、合作方等等，人与人彼此纠缠，难免有时会弄出事端，为了解开这些事端，又会接触更多的人。我们见到的每一个人从性格、工作风格到个人爱好无一相同。因此作为职场人，尤其是即将迈入职场的新人在人际关系上一定要有自己的一套明确的原则。

尤其是韩国的企业文化大多长幼有分，希望员工服从组织。考虑到这些，在对待上司、前辈或客户的时候如果你没有明确的做事原则，不仅会浪费大量的时间，时而还会引发致命的失误。

有的职场上司非常喜欢喝酒，时不时地就叫你一起去喝酒；有的前辈沉迷于打牌，一到下班点就叫上后辈一起打牌。遇到上述情况，有的人担心日后自己在人事调动上会吃亏所以不得已应承了下来。但是你跟着去过一两次之后，渐渐地就会习惯这样的环境。

因此当你刚刚开始工作的时候，就必须培养自己要有长远的人生眼光和平衡感。首先，你绝对不可能跟着现在的上司一起工作一辈子。我从新人做起到现在共事过的上司就超过10位。如果你为了配合上司的喜好下班后把时间浪费在毫无意义的事情上，不仅没有时间进行自我开发，搞不好你的身体和灵魂都会沦陷。这一点一定要记住。

然后，要防止自己贪图“一夜暴富”“人生逆转”这样不劳而获的成功。2010 年韩国国民花在赛马、彩票等合法的射幸产业上的钱达到了 950 亿元。据韩国电脑游戏产业协会推测，2006 年韩国一年成人游戏室和成人网吧的年营业额逼近 4 千万元。如果再加上违法网络赌博和海外远程赌博的收入，整个赌博产业的收入将达到一个天文数字。

因为沉迷赌博而失去工作、家庭破裂的社会诟病现象层出不穷，为了给赌博中毒者进行治疗而投入的社会财富也不是一个小数目。赌博之风正席卷韩国，甚至于称韩国为赌博共和国也丝毫不觉过分。

说到赌博人们总觉得离自己很遥远。其实只要你稍微放松警惕就会深陷其中。如果说现在在读这本书的人有希望靠彩票或赛马一夜暴富的，或者抱着侥幸的心理定期或随时向射幸产业投钱的，我劝你们立刻停手。中彩票特等奖的概率约为800万分之一，比被雷劈死的概率还要小。我希望在这种事情上拼上性命的年轻人，最好是一个都没有。

你听说过靠房产投机赚了大钱的人跟家人过上幸福日子的吗？你听说过中了巨额彩票的人跟家人一辈子和睦相处的吗？就连继承了父母的巨额遗产，子女孝顺，兄弟情义更加坚固的事例都是少之又少。

相反梦想一夜暴富却穷困潦倒的人，期待人生逆转却跌入人生谷底的人，反倒是这些故事更多地成为人们的谈资。几年前，中了乐透一等奖拿着950万元奖金过上华丽生活的20多岁年轻人后来因为盗窃而银铛入狱的事件给我们带来了许多启示。

有一位心理学者对彩票中奖者变得不幸的原因进行了研

究。他的研究结果显示，中奖者的家人在听到中奖消息的瞬间，最先想到的就是：

“他会给我多少呢？”

说到这里我相信大家应该已经明白为什么我会对射幸产业做如此的评价。不经过努力而突然得到的巨额钱财，它的危险性也是很高的。因为这笔钱是不费力气得到的，所以你的花销会突然变大，身边的人也仿佛闻到蜜香的蜜蜂一样一个接一个地提出要求。因此请务必不要去奢望“人生逆转”“一夜暴富”之类的事情，还是相信自己为好。

人生就像不能中断的马拉松奔跑一般，就算前100m你用尽全力跑在第一位，也不能保证最后还是第一。不管三七二十一上来就是一通猛跑的人，始终会被安排好体力老老实实跑的人给反超了。在职场生活中我们随时都可能听到各种消息，例如谁中了彩票头奖拿到了好几千万，谁买房子或股票赚了大钱，谁靠什么东西发了大财，等等。

听说有人一年或者十年像蚂蚁一样努力工作都不一定赚得到的钱瞬间就到手了，身为人类的我们不知不觉间就会学着同样的方法去做。但越是这种时候越应该打起精神坚持走自己的路。一夜暴富的人生逆转固然吸引人，但是我们不应因此中断我们各自在走的人生之路。

如果说金钱与人格，金钱与幸福是成正比的，那么哪怕从此刻开始我也会不择手段地去赚钱。但我早已过了不惑之年，根据我的经验和观察这世上比金钱重要的东西和用钱买不到的东西实在太多太多。

很久以前我还是一个销售人员的时候，我负责的一个客户生意做得很好，一口气赚了好几千万。他的公司出口中国和越南的产品搭乘韩流大火了一把，赚了金额不小的一笔钱。他用这些钱在首尔市中心造了大楼，买了宫殿般的豪宅，进口车一辆接着一辆。眨眼间进账的财富让所有人羡慕不已。外表上他是白手起家的中小企业经营者，算得上受到社会尊敬的人物。

但是他的人品有问题。从他嘴里说出的难听的话从未间断。他对待那些给他带来利益和权势的人总是忠心耿耿，而对那些对他的利益造成哪怕丝毫障碍的人则会施以各种诽谤和中伤。他的一生都在追逐金钱，情况严重到能让他身边的人都觉悟到钱不是人生的全部。年轻时候一夜暴富的他从未感受过与人合作时产生的能量，从那之后便不再相信任何人只一味地追求金钱。虽然他的财产一直在增长，但是他的情绪和人格并没有因此变得成熟。

刚开始工作的时候，培养自己的平衡意识是非常重要且意义非凡的一件事。培养物质价值和精神价值之间的平衡感，培养工作和家庭之间的平衡感，培养休闲生活和自我开发之间的平衡感。如果你过于偏向某一边，起初也许会有瞬间超越他人的时候，但是最终定会因为失去平衡感而一败涂地。

幸运对于没有准备的人而言就是不幸。所以要记住如果你一开始不培养自己的平衡感，那么即便碰到一夜成名的好事，紧接着跌入深渊的可能性也会非常大。

而且针对职场前辈或上司介绍给你的错误的企业文化，你一定要有自己的行为准则以作应对。明明想着“这好像不对吧”却还跟着他们学，这样一来不仅失去了平衡感，最终还会变成一个没有信念的人。你的未来定是由自己开创的，而非你的上司或前辈带领你找到的。

平衡感是指不倾向于任何一方，确保重心的位置。在职场生活刚刚开始的时候，想要培养平衡感不是一件容易的事情。但是如果你找准了自己内心的重心，在职场生活期间就可以抵挡住所有诱惑，打造由自己主导的价值观。

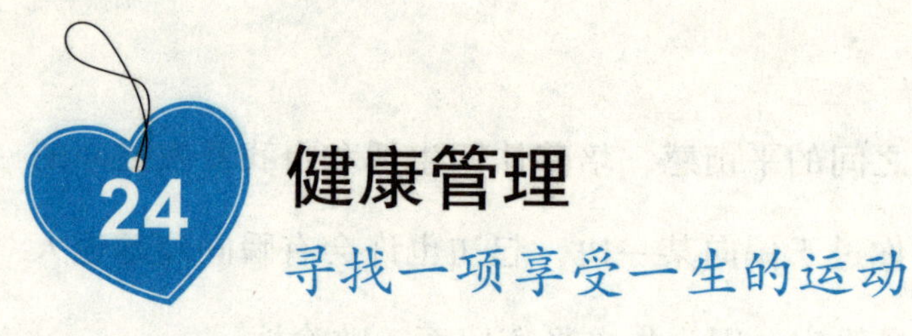

健康管理

寻找一项享受一生的运动

如果我建议刚入职场的新人去打高尔夫球或者网球，一定有人会说我是在这里炫耀。但说真的学习一项可以享受一生的运动是非常重要的。运动不仅能够强壮身体，它还是提供新想法的原动力。

单纯的步行或加入健身俱乐部都是不错的方法。但是我还是推荐大家去学一项可以一辈子作为兴趣来玩的运动。因为学习新鲜事物所带来的快乐与单纯运动身体带来的畅快感是不同的。

无论是什么运动只要是适合自己的，坚持久了一定会发现它有许多优点。我的运动是高尔夫。也许大家会想，“高尔夫吗？那个不是老板们玩的东西吗？”如果我问后辈为什么不打高尔夫球，十有八九会回答：“打高尔夫球很贵的，而且我也没有能载着高尔夫球杆到处跑的车子。”我想大部分人的回答和想法都是类似的。

因为高尔夫需要花费金钱和时间，所以一直以来都被认为是空闲的人享受的非生产性运动。再加上电视剧里打高尔夫球的人表面上都是事业有成的成功人士，但实际上都是些什么背着妻子偷情的有妇之夫，贪污公款的混蛋干部，吃着政府俸禄却什么事都不做到处玩的高级公务员，有了这些形象的鼎力相助，人们对高尔夫球的印象不差才怪。

但是我依然极力向大家推荐高尔夫这项运动。因为事实上高尔夫是一项非常经济实惠的运动。我这样说一定会有人质疑：一根高尔夫球杆多少钱，周末去会员制的高尔夫球场随便打一场就要好几千块，算什么经济实惠的运动。

可我为什么会如此向大家推荐高尔夫呢？理由可以分为三点。

第一，高尔夫球与一般的有氧运动不同，他是一种强调身体柔韧性和运动感觉的运动。人体在 20 岁的时候一切机能到达顶峰，进入 30 岁之后体力和柔韧性逐渐减弱，40 岁老化速度开始加快。高尔夫经常被人们称为感觉运动，原因是高尔夫是依存于身体众多肌肉和神经作用而进行的运动，因此越早开始打就越有利。当然大家都明白运动要越早开始越好的道理。但是我想说的是，与其等年纪到了之后意识到高尔夫的优点再开始练习，还不如趁年轻早点拿起高尔夫球杆会更加经济。一般 20 多岁的年轻人从第一次握杆练习到正常选手的水平需要 6 个月左右的时间。30 岁以后再去打的话，想达到平均水平自然需要更多的时间。

再加上高尔夫不需要跟对手有直接性的接触，不是稍有放松就会摔倒的激烈型运动，所以身体受伤的可能性很低。而且高尔夫运动可以在室内练习场进行，无需担心受到雨雪等天气变化的影响。

第二，高尔夫是我所知的附加价值最高的生产型运动。打高尔夫球的实力和你的人脉是同步增长的。它是让从事水果行业 7 年的我与从事政治、法律、医疗、外交、媒体等领域的人相识并长期保持良好的关系，并通过这些人脉让公司的业绩得到大幅度提升的一等功臣。

虽然其他运动也可以拓展人际关系的领域范畴，但恐怕没有哪种运动项目可以像高尔夫一样在竞技的途中还可以与人进行对话并肩漫步的了。

第三，高尔夫可以让人们平日里更加积极地对健康进行管理。事实上，高尔夫运动对人们的健康几乎没有任何帮助，反而会对脊椎造成冲击。但打高尔夫球之所以能让人们收获健康，那是因为只有平时注意健康管理，打球的时候才能维持最佳的状态。为了取得好的成绩，戒烟戒酒是基本，抽空还要进行基础体力训练和强化耐力的运动。

我极力向职场人推荐高尔夫的原因除了上面三点以外，还有一个最重要的原因，那就是它是可以跟家人一起享受一生的运动。因为不论男女老少任何人都可以享受高尔夫的乐趣。如果全家人一起打高尔夫球，不仅彼此间对话的内容会变得愈发丰富，夫妻之间和父母子女之间的关系也会更加紧密。

几年前我连哄带骗地让妻子和儿子学会了打高尔夫球。不久之后，看到两个人喜欢上这项运动令我欣喜万分。一起打球的时候，彼此的对话也让我重新体会到家人的意义。偶尔在打球的时候会碰到带着年过七十的岳父岳母出来打球的女婿。每当听到老人们说，跟孙子一起打高尔夫球是自己人生最大的乐趣，我都会想高尔夫为人们家庭的幸福贡献了不小的力量。

不过说来说去最大的问题还是钱。买名牌高尔夫装备轻轻松松五六千就出去了，上职业选手的培训课程一个月最少也得上千，再加上高尔夫练习场的费用、各种装备和会员资格等等加起来绝不会是一笔小数目。而且坐公共交通去打高尔夫球也是不实际的，所以你还需要有一辆能载着你去高尔夫球场或高尔夫球练习场的汽车。打高尔夫球需要投入这么多钱，对于那些收入相对较低的职员、代理以及科长级的人而言，怎么才能打得起高尔夫呢？其实只要我们稍微思考一下，完全可以用很少的经费学会高尔夫。

我从35岁左右入门开始直到不久前在新西兰取得职业高尔夫培训资格证，积累了无数打高尔夫球的经验。我在过去十余年的打球经历中，受过无数职业选手的指点，也与国内知名的选手一起参加了多次高尔夫职业业余配对赛，还读过许多与高尔夫有关的书籍，努力整理出了一套自己的高尔夫理论。

因此对于如何比一般业余选手更加科学并有效地进行高尔夫练习，如何在工作的同时以较为经济的方法享受高尔夫的乐趣等等问题，我相信我的研究比任何人都要深入透彻。下面我要向大家介绍依靠我的经验和知识整理出来的“韩国职场人高尔夫高效入门的10大秘诀”。

| 韩国职场人高尔夫高效入门的 10 大秘诀 |

① 开始练习高尔夫前的 6 个月 ~1 年进行基础体力锻炼

打高尔夫球会用到许多你平时不用的肌肉。因此在正式进行高尔夫训练前，需要有一个充分锻炼手臂、肩膀、大腿肌肉的过程。我们可以借助哑铃或杠铃等运动器械的帮助。但如果不便购买运动器材的话，可以每天进行手臂弯曲伸展的运动作为代替。

高尔夫女王索伦斯坦现役期间每天都做手臂弯曲伸展的运动，从未间断过对手臂和肩膀肌肉的强化锻炼。另外，因为高尔夫是一项需要将脊椎最大限度地弯曲然后复位的运动，所以每天进行10分钟左右的拉伸练习，提高包裹在脊椎周围的各种肌肉的柔韧性。刚刚开始打球没多久就受伤的人非常多，其中最主要的原因就是在入门前忽略了基础体力锻炼的重要性。

② 寻找可以为高尔夫牺牲的东西

高尔夫是一项开销不小的运动。因此如果选择了打高尔夫球，有两样东西是需要你果断放弃的。这一点不仅适用于高尔夫，即便你选择的是其他运动也同样需要做出牺牲。首先是金钱方面的牺牲，如果你是个烟民就应该把烟戒掉，或者把平时喝酒的次数减半，把省下来的钱花在打高尔夫球上。

另一个牺牲是与时间有关的。比方说你每天要看一到两个小时的电视，那么就把这些时间省下来投资在高尔夫上。如果可以像这样坚持练习的话，一年左右的时间就可以成为“Single Golfer”。

③ 购买二手高尔夫球杆并最少使用三年

大书法家绝对不会挑剔毛笔，真正的高手也绝对不会挑剔球杆。在高尔夫入门时期，其实不需要购买昂贵的名牌或新品球杆。通过网购或到专业的二手球杆商店，花上 1 700 元左右就可以买到不错的铁头球杆、木杆、发球杆和球包。要知道球杆的价格绝对不会与打球的分数成正比，因此开始的时候还是推荐大家使用二手球杆。

④ 平时穿的休闲服都可以作为高尔夫球服穿

等人们当真要去打球的时候，生怕自己看到那些衣着华丽的球手会受到打击。因此一开始就抱着买高级装备的想法，跑到商场购入上千元的高尔夫球服，实在根本没有那个必要。高尔夫球服和普通的休闲服基本上没有区别。所以完全可以把平时穿的休闲服当做高尔夫球服来穿。

但是要注意尽量避免牛仔裤、短裤和短袖 T 恤的打扮，如果要去会员制高尔夫球场的俱乐部最好再穿件夹克。平时打球的时候，活动方便的棉质长裤和带颜色的 T 恤就可以了。无论是打高尔夫球还是登山，过分注重服装只会造成大量不必要的花销。在球场时不时就会见到穿着一身华丽名牌登场的人，搞不清楚他们到底是来打球的还是来走秀的，这种人的球技不用看也知道。

⑤ 高尔夫练习一定要从室外球场开始

练习打高尔夫球的时候，在室外球场打比室内球场要经济实惠得多。因为对于一个刚刚开始打球的一般人，完全了解高尔夫球的运动机制所需要的时间，室内球场比室外球场整整多出 10 倍。前面提到过高尔夫球是一种感觉运动，所以练习高尔夫球就是熟悉棒头速度和角度以及挥杆轨道的过程。

简单来讲练习高尔夫球就是对于“用多大的力气，采取什么姿势，用多少速度击球，球朝着哪个方向飞，飞多远落地”的反复练习，并不断调整力量、速度和动作的过程。因此在室外球场的练习有助于尽快纠正错误的姿势。

⑥ 最少接受两个月的优秀教练的指导

人们说旧习难改，入门时期学到的打球技巧也会影响一生。跟遇到有名的职业教练相比更难的是遇到一个有能力的职业教练。能够把高尔夫球教得浅显易懂的教练，能够让人越学越起劲的教练，在指导的时候亲切不会发脾气的教练才是优秀且有能力的教练。

在接受教练指导的时候需要注意一点，那就是授课时间。由于各个教练的教学方式不同，学员的运动神经和身体条件也各不相同，所以课程短则几个月，长则几年的也有。换一种说法就是，弄不好可能会在这上面浪费大量的时间和金钱。因此在授课期间一定要有自己的想法，我个人认为2~3个月是最理想的。在上第一节指导课的时候，可以这样对教练说：“我的情况不允许上太长时间的课。我希望两个月以后就可以到场地去正常打球。”

⑦ 用科学的方法进行练习

高尔夫是一门科学。从球杆的角度到推杆的长度，高尔夫运动里就几乎没有非科学的元素。因此在入门阶段有一个科学的意识是非常重要的，尤其是在练习场练习的时候，尽量要让自己用科学的方法进行练习。

大部分的业余球手都有一个特定的习惯，那就是练习的时候先从一号木杆开始。原因是想自己上场地的时候，开球就能打出很远。但是如果你想享受更高级的高尔夫，从短杆开始慢慢换成长杆的练习方法才是最理想的。另外，利用一些零碎的时间翻看高尔夫球场里提供的一些相关杂志，通过经常性的阅读获取更多与科学练习法有关的信息。

⑧ 记录一些与高尔夫球有关的小幽默，适时应用

大家知道GOLF是什么英文单词的缩写吗？答案是

Green, Oxygen, Light 和 Friend 的缩写。意思就是在草地上，呼吸着新鲜空气，晒着太阳，和朋友一起享受的运动，所以叫做 GOLF。

人们躺着能享受到的最大的快乐就是男女间的爱情，坐着能享受到的最大的快乐就是扑克，站着能享受到的最大的快乐就是高尔夫。但是为什么说高尔夫是三者中最棒的呢？凌晨四点给你的爱人或好友打个电话答案就出来了。如果你用第一个和第二个为由约人出来，估计会被当做精神病者看待，但如果你凌晨四点给朋友打电话说："朋友啊，打高尔夫球少一个人，你要一起来吗？"对方一定会二话不说地出现。

虽然这些笑话可能已经是过时的冷场笑话，但是抽空记录下来在球手之间流传的与高尔夫球有关的幽默段子，遇到合适的时机说出来的话一定会成为大家的开心果。

⑨ 从公共高尔夫球场开始

公共高尔夫球场不仅有减免税费的优惠，而且不需要球童，还可以打 9 洞而不打 18 洞，节约了大量的时间与费用。因此刚刚工作觉得费用上吃不消的人，可以选择实惠的公共高尔夫球场取代会员制的球场。在公共高尔夫球场培养出实力之后，总有一天可以拿着公司的经费到会员制的球场尽情发挥实力。

⑩ 既然开始打了就挑战一下 Single

在高尔夫球中经常提到的 Single 其实是 Single Handicapper 在高尔夫球手之间管用的简称。Handicapper 是指 1 以上 9 以下的球手。业余选手想要打到 Single Handicapper 的水平是非常困难的，所以才会有“想要一直打 Single 起码得卖掉一间房子”这样的玩笑话。对于所有开始打高尔夫球的业余选手而言，Single 永远是他们想要达到的目标，哪怕只有一次。

我希望大家可以挑战一次 Single，但并不是要大家花费大量的时间和金钱成为 Single Handicapper，而是希望大家通过科学的练习享受高水平的高尔夫球乐趣。如果将 Single 作为目标坚持练习，即使你打不出 70 分，也可以练就不比其他任何人逊色的技术和实力。一般的业余选手都希望跟打得好的球手一起下场打球，因为他们都希望向 Single 水平的球手多学点东西。

下面是关于高尔夫球的最后一点提示，请把一辈子在韩国打球的近视眼思维扔掉。随着全球化脚步的加速，我们的年轻人到国外分公司或外企总公司工作的机会逐年增多。在韩国打高尔夫球的费用很高，在国外大部分的高尔夫球场打球却都比国内便宜。

我在韩国工作的时候，周末到会员制高尔夫球场打 18 洞，每个人的费用大约在 1 400 元。但是在新西兰的会员制高尔夫球场购买一年的会员券，一周打两次的话每次的费用只需 56 元。两国间打一次正规场地高尔夫球的费用整整相差 20 多倍。韩国与新西兰打球的费用之所以存在巨大差异，原因在于韩国高尔夫球产业结构与国外有许多不同之处。高昂的球场建设费用、低社会认知、高赋税等令高尔夫球运动在韩国很难做到普及化。

但是与其对高尔夫球报以无条件的否定看法，倒不如从拓展视野的角度出发，尝试学习一下打高尔夫球。

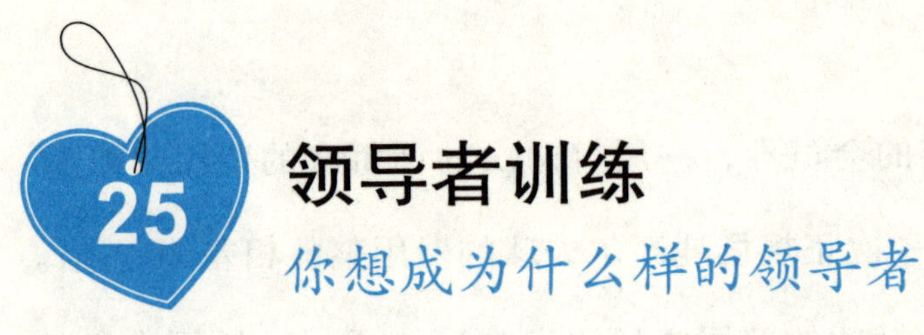

25 领导者训练

你想成为什么样的领导者

瓦莱罗能源公司（Valero Energy Corporation）是美国最大的炼油公司，2006年曾在福布斯杂志评选的“最想工作的100大企业”榜单中进入前三位。在全美拥有约4 000间加油站的瓦莱罗能源公司在过去的数十年间，无论经历收购合并或者经济萧条从未对员工实施过裁员或整顿解雇，并因此而闻名。

在瓦莱罗能源公司担任32年CEO的威廉·格林黑（William E. Greehey）在参加一次电视访谈节目时，谈到了他在职期间解雇过三位高管的事情。当主持人问到为什么解雇他们时，威廉回答：“因为他们不尊重员工。”据威廉介绍这三位高管都是具备卓越的技术能力和对工作的十二分热情的顶尖人才，但是他们对待员工的态度使得他不得不解雇他们。

“我这样对那些升职的员工说，想成功就必须照顾员工比照顾自己更周到，因为把员工看做家人就是经营者要做的事情。对员工用命令的口吻说话，大呼小叫甚至骂人都是不对的。而且绝不能歧视员工。我们公司的所有员工都必须享有同等的待遇，无视这些的员工则应该从我们的公司消失。”

对于职场人而言，能进入像瓦莱罗这样遭遇经济危机也不会裁员或解雇员工的公司，遇到把珍惜员工看得比什么都重要的CEO，必定会成为所有人都羡慕的对象。公司信任和尊重我们，我们自然会更加卖力地工作。看到威廉·格林黑的领导才华让我想到了一件事情。那件事发生在我决定跳槽到柯达公司的时候。

当时是我在离开Gillette Korea和戴尔电脑之后，正在可口可乐公司主管便利店和连锁酒店的部门担任部长，猎头公司（Head Hunter，代替企业寻找高管或CEO的人力资源公司）找到了我。以生产胶片而闻名世界的柯达公司亚洲本部邀请我担任主管韩国数码相机事业部的Country Manager（韩国负责人）。临近40的年龄接到全球化企业上百万年薪和主管职位的邀请，任谁都会动心的吧。

当然我也不例外。在位于首尔钟路的柯达数码相机事业部，与亚洲区主管见过面，再到新加坡总公司面试之后，我深深迷上了自己即将负责的工作。当时实在没有不跳槽的理由。

在钟路的柯达办公室上班不到半个月，达成销售任务的压迫感开始渐渐产生。当时柯达数码相机在韩国的市场占有率大概不到3%。亚洲区社长却要求我在一个月内将市场份额提升至6%。他们在业绩上施加的压力虽然不是完全出乎我意料，但我多少还是觉得在这么短的时限内，他们的期待似乎过高了些。

但我还是立刻开始着手调查柯达数码相机在韩国的销量为何如此低迷。调查发现问题出在流通渠道和我们常说的售后服务（A/S）部分上。

首先，为了将原来需要两周以上的维修时间缩短至两天之内，需要将服务网络扩散至全国。为了拓展流通渠道则需要在Hi-Mart和大型电子产品折扣店设立柯达相机的销售点。

经过各方努力，售后服务的结构得到了彻底改善，产品的陈列也非常到位，剩下唯一的问题就是营销。电视广告的经费，促销活动的过程中的经费投入，几乎达到无法预算的程度。经费不足，人手不够，即便每天的夜班都如同家常便饭一般，还是只能每天给亚洲区社长打电话反复说着同样的话，“无论如何都会达成销售目标”。

大约过了半年的时间我实在忍不下去了，于是向公司提交了一份名为“韩国分公司扩大市场占有率的中长期策略”的报告。报告的主要内容是，“为了柯达数码相机在韩国的发展，需要抛弃过去数年间赖以生存的推进式营销策略，应该优先改善营销和服务部门，实现高效的营销活动。”本质上这就是一份要求敲定营销经费预算的报告。万一经费批不下来，就相当于申请阶段性的销量成长。如果努力的话，我有信心在一年后最少将销量提升50%。

但是亚洲区本部的反应始终保持不变，一句话就是既没有钱也没有时间。也就是说不管售后服务到不到位，也不管你是去推销也好，做电视购物也罢，总之无条件要达到总公司分配的销售目标。

就在大家讨论下一年度产业计划的时候，我向柯达公司提交了辞呈。因为我认为以我的能力无法再让柯达数码相机在韩国继续成长下去。我唯一感到抱歉的是信任我的那些职员们。虽然总公司表示将把我囊括进次时代领导团队中并以此挽留，但我对这个地方已经不抱任何希望。

我不得不辞掉这份工作的原因是，在条件困难的情况下我明明想要努力，公司却不信任我，一味地强调公司的立场，这让我再也看不到任何希望。先不论工作重要与否，如果我对公司还有所期待并受到公司的尊重，其实我也不至于非辞职不可。

虽然当时我属于领导级别所以才能做出那样的决定，但我一直觉得权威主义是企业文化中最令人失望的部分。权威主义是指过分随意地对待员工，践踏他们的人格，无视他们的存在。

这样的情况无论在内资企业还是外资企业都在频繁地赤裸裸地发生着。尤其是外资企业的分公司社长或高管，即便是依靠流畅的英语通过面试还要经历类似“Reference Check”（通过应聘者在之前工作中一起工作过的上司或职员对应聘者的资质或评价进行调查）的检查，如果不经历这些过程就被录用，日后也许会遇到意料之外的糟糕情况。

有实力的领导者经常与下属进行沟通；没有实力的领导者只会对下属说教和一味地差遣。有能力的领导者遇强则强，遇弱则弱；无能的领导者遇强则弱，遇弱则强。模范领导者在不景气的时候鼓励下属给他们动力；非模范领导者遭遇不景气就只会给员工制造不安。

讲理的领导者尊重组织成员的人格，接纳他们的个性；权威主义的领导者践踏组织成员的人格，不接纳员工各自不同的个性。主导自己人生的领导者爱护下属，给他们能量；人生被动的领导者迷恋职位仗势欺人，喜欢讨好上司，无视职员还会从他们身上夺走能量。

办事高效的领导者强调要在工作时间竭尽全力完成工作；做事低效的领导者却执著于下班时间，强迫员工加班。贤明的领导者用忍耐和感动鼓舞士气；愚蠢的领导者则用裁决权和人事决定权威胁员工，打压他们的工作积极性。成功的领导者信任员工，把事情全权委托给他们；失败的领导者始终对员工心存怀疑，总想着监视他们。

你想成为什么样的领导者呢？如果明天开始任命你为组长或者其他公司的董事，你会怎么做呢？虽然这些话题对于刚刚褪去新人稚气的你们而言看似还是很遥远的事情，但如果你能从一开始就将这本书中提及的事项都准备好的话，等到那一天超乎你想象的瞬间就会到来。

等到那个时候再去展现你供奉已久的领导才能就太晚了。因此现在开始就应该时常训练自己成为一个关心和培养员工的领导者。

26 危机管理

与公司共存亡

假设你现在供职的公司经营状况突然恶化，为了拯救公司不可避免地将实施大规模的裁员和高强度的结构调整，如果听到这样的消息你会作何反应呢？以下三种情况中，请仔细考虑一下你会做出哪种选择。

Ⅰ要求公司保障自己的权益，与同事们团结起来斗争到最后。

Ⅱ考虑公司提供的离职补助金或慰问金的金额之后，再决定是要辞职还是要留下来继续工作。

Ⅲ将自己的人事决定权全权交付给公司管理层，然后自寻出路。

你会如何选择呢？

其实在当今社会经济危机是每个职场人都曾经设想过的剧

情。经济危机近在咫尺，仿佛在我们的人生中随时都可能遭遇到。跨国企业也不再是安全的避风港，它们随时都可能倒闭，不能再像从前一样无条件地保证稳定的工作。

在这样的设想之下，其实无论做出怎样的决定都非常不容易。这关系到自己和家人的未来，任何一种选择都不能算作自私，因为这是公司和个人相互影响的问题。如果选择第一个，万一公司做出单方面的决定或直接关门歇业，你将不再有任何的选择余地。因为个人与整个公司相比永远只能是不堪一击的存在。

我在第一家公司工作了 9 年之后遭遇了上述情况。凑巧的是在 ZESPRI 工作了 7 年之后再次遭遇相同的情况。在大宇电子遭遇组织调整而跳槽外企的事情前面已经提到过了。下面我想与大家分享一下第二次遭遇的经验。

在第一家公司遭遇组织调整之后的第 13 年也就是 2011 年，我工作了 7 年的公司遭遇了创立以来最大规模的经营危机。黄金奇异果上市之后一直销量攀升的 ZESPRI 碰到了完全出乎意料的状况。

像奇异果这样的水果与一般商品不同，受自然灾害的影响是必然的。那一年新西兰遭遇了前所未有的自然灾害，奇异果的产量骤降，ZESPRI 公司的收入自然也受到了影响。新西兰满足生产奇异果的生态条件预计需要几年的时间才能恢复，2011年10月ZESPRI正式宣布由于事态所迫将进行包括裁员在内的大规模人事调整。因为自然灾害的影响至少在几年内奇异果的产量都会大幅下降，依照当时的情况为了生存公司必须进行高强度的经费削减。但ZESPRI管理层并未采取随意解雇员工的方式，而是最大限度的引导员工申请提早退休等。

当时我从韩国分公司调到新西兰本部工作还不到三个月。我刚刚拿到就业签证跟家人一起移居新西兰，而且我的工作是制定公司的中长期战略计划，按照工作性质算距离提早退休还有一段距离。再加上是公司先向在韩国分公司担任社长的我提出到本部工作，协助公司提升全球市场的销量，无论是公司强制性辞退我，或者反过来我先向公司申请辞职都是不合常理的。

我在ZESPRI本部的职位是战略计划负责人（Strategic Projects Analyst）。工作内容是以巴西、俄国、印度等新兴市场为中心搜集和分析各国的市场信息，制定市场开发战略。而且我所负责的工作对于公司而言不是奇异果产量的短期下降就能轻易放弃的。

但是就在公司正式宣布将不可避免地进行结构调整之后，我将自己的人事问题全权交给公司，让他们决定我的去留。首先我找到公司老板表达了在公司如此困难的情况下，愿意与公司共存亡的想法。

听到我的提议，老板非常意外。其实从我的工作在公司占到的比重和过去几个月我的工作成果来看，他认为我并没有必要参与公司的结构调整。但是，我表示眼看着公司的经营状况愈发恶劣，我不能光想着自己的工资，请他务必将我的想法转告人事主管和管理层人员。

第二天我与人事主管见了一面。我们把当时我负责的第一阶段项目收尾之后，然后开始商讨我从明年三月开始休一年左右的假期，下一年度重新回公司上班。人事主管也表示对于我的自愿参与感到非常意外。我积极为公司着想的行为让他深有感触，并表达了对我的感激。不久之后公司正式受理了我的休假申请，我即将面临着最少一年拿不到工资的处境。

这个决定从某种角度看来非常无谋。因为它发生在完全可以保障雇佣关系和没有一个人要求我离开的情况之下。而且我也没有在其他公司找到更好的工作。当然等到日后我饿肚子的时候，也许会后悔此刻的决定。

但是我之所以会做出如此艰难的决定，很大程度上是出于我对公司的信任。至今为止从各个角度来看，这家公司都值得我托付未来。因此如果我可以参与并帮助公司战胜危机，即便我现在会吃点亏，为的也是最终大家能一起活下去。

另外一个重要的原因是我是韩国人。我是唯一一个在新西兰 ZESPRI 本部工作的韩国人。我在工作期间的一言一行很可能就直接代表了韩国人的形象。因此，从我在本部工作的那天起，从未有一天忘记过自己是韩国人。我面对公司危机的做出的反应很可能会被他们放大映射为韩国人的一般行为。

原本每月 15 日定期打到账户上的工资以后都不会再有了，而且这样的情况最少会持续 12 个月。但是有一点是我可以确定的，那就是在接下来 12 个月的休息期，我将会看到更加发展和成长的自己。

我将把这些时间用在更富创意性和生产性的事情上，我打算把我的职场经验和技巧写成书分享给大家，让职场后辈们能够拥有更加成功的职场生活。而且我还会祈祷 ZESPRI 公司的经营条件能够尽快好转。我会一直为了我和公司的发展不断努力下去。

我不认为我的选择会得到所有职场人的欢迎。而且我也不会把这个方法推荐给大家。如果让你们也这样做的话，“你不愁吃喝才会这样做的嘛！”“我要是职位跟你一样也会这么做，但是我们公司的情况不一样。”“如果我做出跟你一样的决定，公司一定会开开心心地把我开除的！”我一定会被这样的指责和埋怨乱箭穿心。你们说的都没有错。前面也提到了，雇佣问题是公司和个人相互间的关系，无从回避。而我因为足够相信公司所以才能做出这样的决定，这个解决方案很难适用于所有人。

虽然这个例子有点极端，但其实我的中心内容是“职场人应对公司危机的姿态”。对公司的关心和牺牲精神应该是超越单纯的生计问题的。这就如同兄弟有难的时候你出手相助，兄弟之间的情谊就会更加深厚一般，我想告诉大家的是当我们所在的公司处在困难中时，果断地将自己的人事决定权交给公司，也许能成为救活自己和公司的一个办法。

熬过大萧条后不久韩国的经济就得到了迅猛的发展。老一辈的职场人当真恨不得把骨头埋在公司里，对公司的关注和牺牲精神更是不在话下。但我并不是要现在的职场人也拥有这样的精神。现在的人之所以无法为公司做出牺牲，很大程度上也归咎于前辈们制造出的极端的职场竞争结构。但我之所以说这么多是希望各位最起码对待自己现在的公司，可以将公司的发展和个人的成长放在同一条线上。当然这样的牺牲一定要放在你对公司绝对信任的大前提下。

要求员工无条件为组织牺牲的公司没有成功的道理，而一旦被录取就不管公司死活的想法也应该尽早丢弃。我们的企业在雇佣上缺乏包容性，这点在与国际化企业的竞争上非常不利。

现如今无论是企业还是个人都应该通力合作，一起努力培养自己的竞争力。

在职场生活中，关怀和牺牲精神不是只有在公司有难的时候才需要。你们应该从刚开始工作的时候就具备关怀和牺牲精神。如果你懂得关心同事和公司，也愿意让自己吃点小亏，那么在组织中也会更受信赖。无论在什么地方工作都应该看得长远，做到心容天下。

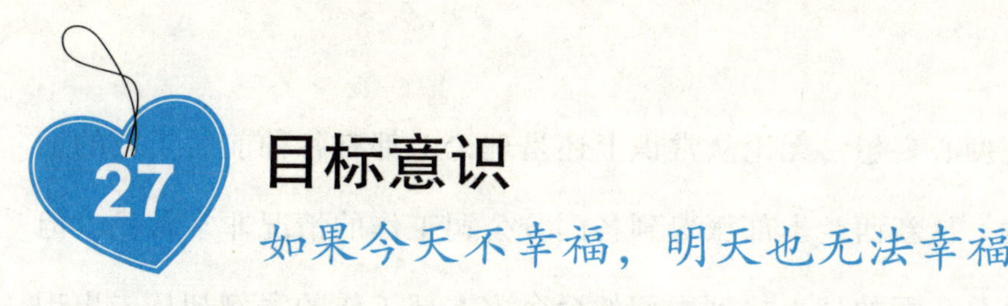

27 目标意识

如果今天不幸福，明天也无法幸福

在我进入 ZESPRI 工作的第六个年头，也就是我担任韩国分公司社长的时候，韩国经济在全世界的比重虽然只占到了1.7%，但是 ZESPRI 韩国分公司的销售额占全世界销售额的比重达到了将近 7%，是 ZESPRI 在全世界的第六大市场。

当时我每年不仅会有一两次到本部出差的机会，而且还要参加亚洲区的会议，应驻韩国的新西兰大使的邀请参加夫妻晚宴，与政界的人见面问候，偶尔陪客户出去打打高尔夫球，生活可谓是无比的安逸舒适。

但是不知从何时开始我感觉到一种想要继续成长和学习的渴望。新人时期以世界为舞台的梦想慢慢复苏。

“没错，这次要到全球化企业的本部去工作！”

当这个想法突然冒出来的时候，我感觉到心脏重新开始了充满力量的跳动。

问题是去新西兰本部工作的想法怎么看都觉得是我一个人

在痴心妄想，无论从常识上还是理论上都有各种前后矛盾的地方。从新西兰本部派遣到各国分公司工作的情况非常常见，但是分公司的员工接到本部的命令去本部工作的案例却从未出现过。即便我这天真的梦想当真得以实现，到时候每天都要跟本部的员工沟通开会，英语实力必须达到当地人的水准。

但是我从未放弃过去新西兰本部工作的想法，在 ZESPRI 工作四年之后我开始慢慢尝试去敲开新西兰本部的大门。全球化企业的本部是依靠怎样的系统运作的，经营者的运营方式是怎样的，以及他们的交流技法、企业文化等等，我想学的东西太多太多了。

而现在我已经与家人一起移居新西兰，目前正在 ZESPRI International Ltd. 工作。20 多年前刚迈入职场的小职员想要将世界作为职业舞台的梦想变成了现实。

刚开始的几个星期为了适应当地的生活还吃了点小苦头，但那之后的日子真的是一天比一天幸福愉快。遇到一个有能力且真诚的老板确实是我的运气，但是更大的幸福源自于每一天的职场生活都让我看到一个学习和成长的自己。

新西兰当地员工最大的优点是他们对工作的高度集中简直达到了令人震惊的程度。办公室的气氛永远是和睦的，我从未见过一个工作时候开小差的员工。在这里我切身体会到了为什么西方国家企业的生产能力远远高于亚洲国家。而且他们非常重视家庭，一下班就立刻回家与家人共度美好时光。晚上 6 点之后公司几乎看不到一个人影。而且在这里职位和下班时间没有半点联系。越是职位低的人越是准点下班，反而是那些职位高的人还要留下来做出差的准备等。

我也是除了特殊情况以外，基本上都是准点下班回家跟家人一起共进晚餐。这里的特殊情况也无非就是偶尔跟同事约了下班之后打网球，或者参加职场人正规的高尔夫球赛。

当人们被问及职场生活的目标是什么时，不少人都会回答高额的年薪。因此当看到谁当上了 CEO，谁拿到了几千万的年薪这样的消息时，人们都会关心他们是怎么坐上那个位子的，但是没有人会去关心他们坐上那个位子之后的生活是怎样的。

但是回顾我的人生发现我的目标并不是坐上社长或者会长的位子。我追求的只是“学习”和“成长”。而且年薪的高低也不会对我的选择有丝毫的影响。我关注的始终是可以让我比昨天的自己学到更多成长得更多的地方。虽然当时的我拥有 ZESPRI 韩国分公司社长的头衔，但是促使我决定放弃安逸的生活踏上新西兰行的正是“学习”和“成长”。

几年前，一家名为 TNS 的跨国性质的专业舆论调查公司对 33 个国家约 2 万名正规劳动者进行了关于“对工作和职场的喜爱程度”的调查。排第1位的是以色列，第2位是荷兰，第3位是新西兰。而日本只排到了32位，韩国33位。根据调查资料显示，韩国50岁以上的公司职员喜欢工作的人占到47%，喜欢职场的占到51%；而未满24岁的公司职员中喜欢工作的人只占到23%，喜欢职场的也只有27%。

而且在各国幸福指数和幸福度的调查中韩国排在了最后。从青少年到成年人生活幸福的人非常难找，这就是我们生活的社会。韩国的学生和职场人如果不幸福就代表整个韩国也不幸福。

读书的时候每个人都有过在课桌上写上大大的“苦尽甘来”或“忍耐是苦的，果实是甜的”这样的伟大的句子激励自己读书的经历。我们的社会从很久之前就开始将今天的忍耐看做是一种美德，今天的忍耐是为了明天的繁荣和幸福，这样的想法被人们理所当然地接受着。

初高中的时候为了上自己想上的大学，必须忍耐学习的艰苦；上大学的时候为了日后好找工作，必须忍耐在自己不感兴趣的专业学习；进入职场遇到自己不想做的工作，为了升职必须忍耐；当上了部长还要为了进入高层而忍耐；到了该退休的时候，却还要为了子女而忍耐；我们就这样忍着，忍着，再忍着，人生就走到了尽头。

为什么要一直用忍耐结束我们没有第二次机会的宝贵人生呢？在20世纪六七十年代急速的经济增长下，我们的父辈和爷爷辈们又忍耐了多少不能忍呢？有多少亲人和朋友在忍耐中失去健康，一夜间倒在职场上呢？我们在学校和家庭中只学到了“为了明天忍耐今天”的技术，而没有机会学到“为了明天的幸福，今天要享受工作”的技术。

那么究竟要怎么做才能得到幸福呢？

好好学习考上名牌大学就幸福了吗？那么在那些所谓的顶尖大学里读书的学生自杀又该如何解释呢？在大企业上班工资比别人高就幸福了吗？那么国内屈指可数的企业中接二连三地发生员工自杀事件，又该作何解释呢？比别人地位高，比别人有钱就幸福了吗？那么那些大企业的会长和经营者为什么要自断性命呢？金钱、学历或者权势都不是实现幸福的必要充分条件。这里即便不再做详细说明，我相信每个人心里都非常清楚。

无数的职场人为了成为企业的最高经营者在不断努力和竞争着，但如果目标达成了可本人并不觉得幸福，那又有什么用呢？2006年，大韩工商会议所和每日经济联合对176位大企业或中小企业的最高经营者进行了调查，调查资料显示有54.5%的被调查者在回答“成为CEO后有多幸福”时，表示“没什么区别”或“变得更糟了”。表示家庭和私人生活也变糟糕的被调查者也占到了15.4%。那么究竟怎么做我们才能过上幸福的人生呢？我们就不能学到让自己更加幸福的方法吗？

在美国哈佛大学教授《幸福理论》的泰·本·沙哈博士（Tal Ben-Shahar）给出的幸福定义如下：

"幸福是对快乐和意义的整体体验（the overall experience of pleasure and meaning）。"

我现在做的事情不仅要给我带来快乐（Present Benefit）同时还要蕴含未来的意义（Future Benefit），这才称得上是真正的幸福。

换句话说，如果我现在做的事情让我感觉不到半点快乐，而且它对于我的未来也没有丝毫的意义，那么我很难拥有幸福的人生。另外沙哈博士还强调幸福不是一时的，而是需要我们用一辈子去追求的过程。因此找到工作或晋升时感受到的幸福不过是一时间的错觉而已。

我们应该将为了获得成功和幸福的人生而忍耐忍耐再忍耐的忍耐范本（Endurance Paradigm），转变为享受各自人生开创未来的幸福范本（Happy Paradigm）。享受你正在学习的东西，享受你现在的工作，享受跟家人一起度过的人生。

因此为了得到真正的幸福，我们应该选择自己喜欢的学习，选择自己想要的职业，选择自己喜欢的人生伴侣。

人生中选择不断。我们每天都会被放在选择的岔路上。正确的和错误的，喜欢的和讨厌的，对身体好的和对身体不好的，持续不断的选择成就了今天的自己，也将决定明天的自己。

因此如果今天的你不幸福，那么就无法保障明天的你可以得到幸福。如果你期待靠涨工资或升职将自己带上永远的幸福之路，我劝你想都不要想。因为那一瞬间的心情会随着你升职或拿到奖金那天晚餐上的红酒香一起消失不见。

从你开始第一份工作的时候就应该训练自己享受工作，对自己的工作赋予更多未来的意义。只要坚持这样的训练，升职和奖金就会像雪花一样纷然而至。幸福不会自己找上门来，需要我们通过不断的努力去争取。

享受自己现在做的事情。如果公司交给你的工作是重要的，那么就相信自己是被这个职场需要的人。即使今天的工作比较辛苦也要给予它未来的意义，相信它未来一定会创造更大的价值。

如果我不幸福，我的家人就会变得不幸；如果我的家人不幸，我们的社会就会变得不幸；如果我们的社会不幸，整个世界就会变得不幸。你此时此刻的幸福对于整个世界都是至关重要的。所以请从你迈入职场的那一刻起开始你的幸福练习，那么真正的成功和幸福一定会悄无声息地来到你的人生中，这一点我始终坚信不疑。

| 前辈们的“第一份工作”05| 宋敏浩（三星 SDS 首席部长）

“朝着一口井往下挖”，他把前辈的忠告记在心上，在三星集团工作了整整 27 年。他在三星公司内涉足生产制造、HRD、信息服务等多个领域，积累了深厚的职场内功。他认为从前无论是生产还是原材料纵横各个领域的经验成就了今天的自己。而且当时的这些宝贵经验还将继续影响未来，让日后的职场生活充满活力与希望。

① 认为自己在职场中做过的最正确的事情是什么？

我原本希望留在首尔工作，但是第一份人事委派把我派到了地方的工厂，当时真的想了很多。但是并没有别的工作特别吸引我，所以我决定把公司交给我的第一份工作做好。现在想起来在最初工作的地方听到许多生产现场的声音，这些现场经验对日后的工作起了很大的帮助作用。如果我当时不满公司的分配辞职的话，恐怕也不会有今天的我了。

② 在第一份工作中，遭遇的最难堪的瞬间和最困难的问题

在现场工作自然就跟生产员工生活在一起。由于彼此的工作性质不同，沟通上遭遇了许多困难。为了使现场和管理部门，技术部门通力合作，沟通就显得尤为重要，但是由于彼此之间利害关系冲突很难做调节。即便如此还是要每天面对面地生活，当时真的感觉压力非常大。

③ 工作一年后最苦恼的问题，以及当时关注的领域

正如前面提到的，如何改善与生产员工的关系是我最头疼的事情。不管怎么说他们这样在生产线上工作，心理上和工作上一定有他们辛苦的地方。我也回过头反省自己，是不是因为对公司人事委派的不满而做错了什么。最后为了解决问题，我把精力放在了“倾听”上。我不再拼命提出自己的观点，而是努力倾听对方的想法，这样彼此理解逐渐形成了共鸣。然后以相生的姿态共同探索解决问题的方案。大家一起完成工作所带来的成就感是用语言无法表达的。这是一段宝贵的经验，让我切身体会到“合作”的重要性。

④ 对马上就要工作的后辈想说点什么？

首先要确定人生的大目标。虽然入职后立刻就会投身到工

作当中，但是一定要抽出时间确定自己的人生目标，并制订出实现目标的计划，这一点非常重要。确定目标之后就不要害怕失败，用拼死的力量去完成，用热情的姿态去面对。如果工作实在不顺利，想不出有创意的想法那么就要想到“现场有答案”，多去现场看一看。

⑤ 在第一份工作中遭遇的人际关系问题，以及你的解决方案

我想起了在现场工作的那段日子里，跟生产员工因为沟通问题扯着嗓子闹到信任破裂的事情。瞬间的情感虽然会暂时占据上风，但是平静下来之后应该真诚地向对方道歉。人际关系是职场生活无法分割的附属品，只有真诚的对话和实践才是解决问题的唯一方法。